給自己的犒賞之旅

ことりっぷ co-Trip 世界小伴旅

歡迎來到

首爾

今天也辛苦了！
最近總覺得有點累對吧？
如果能安排一趟小旅行就好了，
將煩惱的事情全部拋諸腦後，煥然一新。
駐足在街角，期待著下一秒會遇見什麼新鮮事，
明天才能繼續努力。

出發！

人人出版

抵達首爾後……

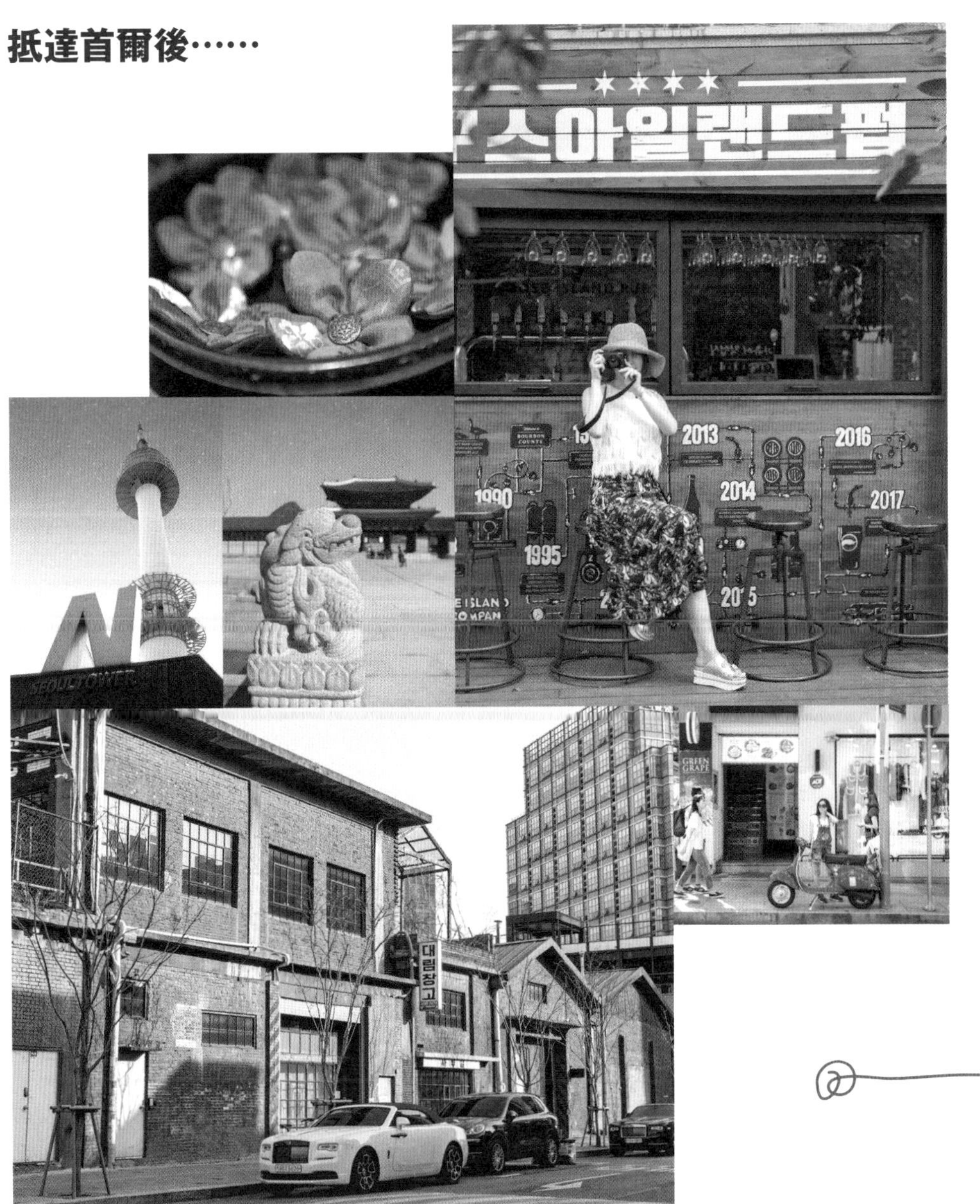

那麼，接下來要做什麼呢？

世界遺產是不可錯過的觀光景點。莊嚴的建築美景令人動容 ➡P.108

體驗可幫助美體護膚的桑拿房和搓澡，穿著韓服拍攝紀念照。盡情享受韓國特有的體驗吧！

既然來到首爾旅行，當然不能錯過韓國獨有的特色體驗。結束汗蒸幕和搓澡等傳統式美容護膚行程後，穿上韓服拍張紀念照吧。晚上接著到有供應韓國馬格利傳統酒的酒吧小酌一杯，在微醺的氣氛下眺望夜景，內心格外受到觸動。

check list

- ☐ 遊逛熱門的聖水洞 ➡ P.18
- ☐ 時下最夯拍照景點 ➡ P.28
- ☐ 體驗韓國的娛樂 ➡ P.34
- ☐ 到酒吧品嘗馬格利酒 ➡ P.60
- ☐ 在城市中漫步巡遊 ➡ P.93
- ☐ 參觀世界遺產 ➡ P.108
- ☐ 換上韓服散步去 ➡ P.112
- ☐ 到桑拿房排毒 ➡ P.114
- ☐ 前往「韓方」美容沙龍呵護全身 ➡ P.122
- ☐ 令人著迷的首爾夜景 ➡ P.124

許多美容沙龍都會使用朝鮮半島獨有的「韓方」 ➡P.122

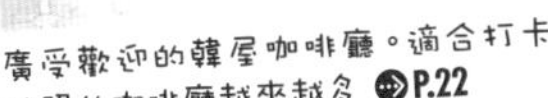

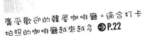

廣受歡迎的韓屋咖啡廳。適合打卡拍照的咖啡廳越來越多 ➡P.22

體驗前所未有的三溫暖熱潮。到韓式三溫暖「蒸氣房」(찜질방)排毒！ ➡P.114

上傳首爾夜景到社群！此處同時也是韓劇拍攝的取材地 ➡P.27・124

身著韓國傳統韓服在街上漫步 ➡P.112

抵達首爾後……

要吃點什麼呢？

燒肉、韓式拌飯、冷麵、甜點……，首爾有很多令人食指大動的料理。先暫時將減肥拋在腦後吧！

韓國料理的種類相當豐富。每種料理都有專賣店，能充分感受到當地對招牌菜的講究。韓國認為端出讓客人吃不完的料理才是待客之道，泡菜等各種小菜都是免費提供，不知不覺就會嗑掉太多。

說到韓式燒肉，主角當然就是豬肉！散發出的香氣令人食指大動 P.36

貝果、扭結麵包、派……。引發關注的麵包熱潮 P.54

check list

濃郁的蔘雞湯（삼계탕）是當地著名美食 P.46

要買些什麼呢？

泡麵和餅乾是必買伴手禮，傳統雜貨和韓國美妝品則適合自用。首爾不愧是購物天堂。

除了人氣的辣泡麵和餅乾，還有其他必買的伴手禮。例如仁寺洞販售的傳統雜貨。施以刺繡的小物和韓布掛飾等都很可愛，錢包很容易就會失守。還有許多會讓人失心瘋爆買的美妝好物，服飾雜貨也別忘了逛逛喔。

若想將房間改造成韓系風格，可以到生活選物店逛逛 P.82

真正的不夜城！越晚越熱鬧的東大門市場 P.86

check list

ことりっぷ co-Trip 世界小伴旅

首爾

Contents

●美食
●購物
●景點&遊逛
●美容
●娛樂
●飯店

Seoul

大略地介紹一下首爾

旅行前，先大致掌握首爾的基本資訊吧。
事前了解航班時間、貨幣、交通方式等相關資訊，
就能讓旅程更加愉快順利。

SEOUL基本資訊Q&A

Q 台灣到首爾的飛行時間？

A 約2小時25分～2小時45分

從桃園到仁川約需花費2小時25分～2小時45分，從松山到金浦約2小時30分。從高雄到仁川約2小時45分～3小時。

Q 觀光需安排幾天？

A 至少3天2夜

雖然從台灣出發的航程時間並不長，但首爾是個充滿旅行樂趣的城市，最少需要3天2夜才能玩得盡興。

Q 洗手間和台灣相同嗎？

A 和台灣一樣都是坐式馬桶

飯店、百貨商場等，一般都是坐式的沖水馬桶，也會有蹲式廁所。有些廁所不能將用過的衛生紙丟進馬桶，要丟入一旁的垃圾桶。

Q 需要簽證嗎？

A 短期觀光不需要簽證

持台灣護照可免簽證入境觀光90天。需出示K-ETA（電子旅行許可）、有效護照、回程機票。※2024年12月底前入境免申請K-ETA

Q 主要的交通方式是？

A 地鐵和計程車

地鐵涵蓋整個市區，搭乘地鐵移動很便利。不過，首爾計程車的收費相當便宜，可根據情況善加利用。

Q 有時差嗎？

A 時差是1小時

韓國比台灣快1小時。

Q 使用的語言和文字是？

A 韓語&朝鮮文

然而，在觀光客較多的區域通常能用中文溝通。文字是韓國獨有的朝鮮文。

Q 貨幣和匯率是？

A 1000W＝約26元（2024年8月時）

貨幣為W（圜），約台幣的38分之1。雖然物價和台灣差不多，但餐飲、購物等價格比較昂貴。流通的紙幣有1000W～50000W等4種，硬幣有10～500W等4種。

500W

100W

50W

10W

Q 需要給小費嗎？

A 基本上不用

韓國沒有收小費的習慣。但如果在娛樂場有贏錢，給小費是較明智的選擇。

Q 幾歲可購買菸酒？

A 滿19歲

滿19歲才能抽菸及喝酒。人潮眾多的公共場所基本上是禁止吸菸，即使在戶外的公園、巴士站、地鐵站出入口周邊和街道上也都設有禁菸區域。

Q 旅遊的最佳時機是？

A 3～5月和9～10月

和台灣相較，四季更加分明，季節變化很明顯。夏季均溫雖比台灣低，但炎熱潮濕的氣候和台灣差不多，冬季乾燥寒冷會下雪，道路有時會結冰，建議穿著防滑的鞋子前往。若要長時間在戶外行走，務必穿上保暖外套並隨身攜帶暖暖包禦寒。6、7月是梅雨季，8月也時常下雨，因此去首爾旅遊的最佳時機是3～5月和9～10月。

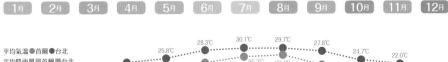

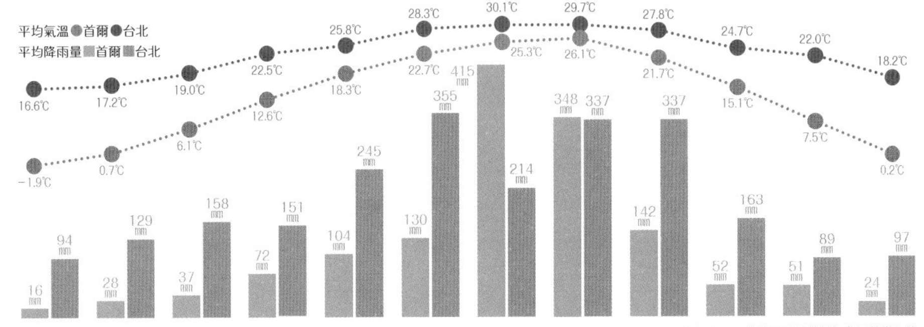

※平均氣溫和平均降雨量是基於氣象局的常年值

查看主要節日！

記得留意有些店鋪會於國定假日時休息。尤其農曆新年（설날）、秋夕（추석）和台灣的新年、中秋節一樣，大部分的商店都不會營業，若要安排旅行，建議避開這段期間。

1月1日	元旦	8月15日	光復節／獨立解放紀念日（광복절）
2月9～12日※	農曆新年（설날）	9月28～30日※	秋夕／同於台灣的中秋節（추석）
3月1日	三·一節（抗日獨立運動）	10月3日	開天節／建國紀念日（개천절）
5月5日	兒童節（어린이날）	10月9日	韓文日
5月15日※	釋迦摩尼誕生日	12月25日	聖誕節／Christmas（성탄절）
6月6日	顯忠日／悼念戰役者（광복절）		

※每年的日期及活動會有所不同。
上述為2023年9月～12月、2024年1月～8月之資訊

這裡不一樣！台韓文化的異同

韓國是距離台灣不算太遙遠的海外國家。長相和文化雖有許多相似之處，但仍具備差異。以下將介紹其中一部分的異同。

	台灣	韓國
婚後的姓氏	夫妻不同姓	夫妻不同姓
在玻璃杯中添酒	OK	NG
車輛通行	右側	右側
飯碗	拿起	不能拿起
售票機	後投入現金	後投入現金
傳統服飾	藍衫、大襠衫	韓服
基督教徒	少	多
辛辣佐料	辣椒	辣椒
學校	2學期制	2學期制

韓國的戀愛模式

韓國男性相當熱情，會果斷出擊，紀念日安排充滿戲劇性。尤其在韓國，每個月的14日都是與戀愛相關的紀念日，且交往第100日也會作為紀念日慶祝，因此男性每次都會為要如何安排而煩惱。

詳細的首爾基本資訊請參閱 P.130～

首爾的街道

**首爾是韓國的首都，有著深受年輕人喜愛的繁華街區，
也有充滿傳統氣息的懷舊街道，每個區域都有不同的面貌。
事先掌握各區域的特徵，思考一下要從哪裡開始逛起吧。**

受台灣人
歡迎的區域
1位 景福宮
2位 N首爾塔
3位 益善洞

從美食到購物應有盡有
最大型的繁華街區

明洞 ➡P.94

명동

南北約800公尺，東西約700公尺的狹小區域中，集結了各式各樣的餐廳和商店。無論白天或晚上都很熱鬧，可以在此盡情遊覽一整天。

南大門 ➡P.88

남대문

以南大門市場為中心，向南大門東南方延伸的區域。市場內主要販售服飾和食品，是個充滿活力的地方。

地鐵3號線
三清洞·北村
鍾路區
景福宮
3
安國站
景福宮站
仁寺洞 2
加佐站
西大門區
鐘閣站
乙支路入口站
新村站
京義·中央線
明洞 1
弘大入口站
南大門
明洞站
5 弘大
新村站
梨大站
首爾站
8 合井站
麻浦區
南山公園
望遠洞
孔德站
機場鐵路
三角地站
地鐵5號線
地鐵6號線
龍山站
汝矣渡口
汝矣島站
地鐵1號線
龍山區
地鐵9號線
漢江
永登浦區
新林線
地鐵7號線
地鐵4號線
瑞草區

傳統雜貨店林立的
懷舊區域

仁寺洞 ➡P.100

인사동

仁寺洞街（主街道）有許多販售傳統雜貨的商店。其中也有可在購物途中小憩片刻的傳統茶屋及能品嘗到馬格利酒和韓式煎餅（파전）的民俗酒館。

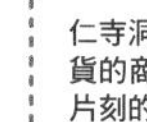

適合散步的優雅街區

三清洞·北村 ➡P.102

삼청동 북촌

位於景福宮東側的寧靜區域。三清洞的主街道（三清洞街）上遍布著時尚商店，三清洞以東的北村則是韓屋林立。

4

潮流人士聚集的
個性派區域

梨泰院～漢南洞 ➡P.98

이태원~한남동

因靠近美軍基地，外國人眾多，異國風情濃厚。有許多異國餐廳和皮製品商店，近年來小巷內的開發也在進行中。漢南洞有越來越多時尚咖啡廳和商店。

首爾 서울

位於韓國西北部的首都首爾，是個擁有600年歷史的大都市。在流經市中心的「漢江」北側，江北遍布著明洞等自古以來就已發展的街道。而被稱為江南的南側，近年來則是急速成長中。

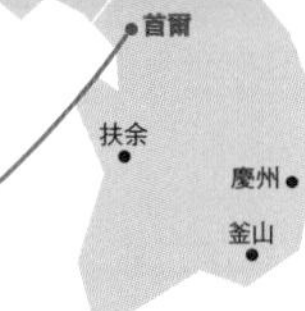

走在流行尖端
首爾名流常訪區域

狎鷗亭洞 P.106

압구정동

位於漢江南側，為江南的中心區域。聚集許多新潮商店和精品店，深受首爾名流和演藝人員喜愛。

10 到處都是時髦的商店
首爾最潮的街道

林蔭大道 P.104

가로수길

從10年前開始便陸續設立各種商店，一躍成為首爾的時尚流行發源地，對潮流敏感的首爾女孩都會集聚於此。也有許多高雅的特色咖啡廳和餐廳。

惠化站
6 益善洞
東大門站
地鐵1號線
9 東大門
東大門區
東大門歷史文化公園站
往十里站
地鐵5號線
忠武路站
中區
京義·中央線
地鐵2號線
7 聖水洞
城東區
建大入口站
梨泰院站
漢江鎮站
4 梨泰院～漢南洞
狎鷗亭洞
11
水仁·盆唐線
狎鷗亭羅德奧站
狎鷗亭站
林蔭大道 10
地鐵7號線
地鐵3號線
鶴洞站
清潭站
江南區廳站
首爾綜合運動場
宣靖陵站
綜合運動場站
江南區
Coex Mall
新論峴站
三成站
新盆唐線
地鐵2號線
宣陵站
高速巴士客運站
江南站
驛三站

在市場和購物商場
通宵購物

東大門 P.86

동대문

以東大門市場為中心的清溪川沿岸區域。大部分的購物商場都營業到凌晨，東大門＝夜市也因此聞名遐邇。附近也有可以品嘗當地美食的廣藏市場，氣氛十分熱鬧有趣。

匯集許多新風格商店
首爾最時尚的街區

弘大 P.96

홍대

藝術學府弘益大學附近的商圈。隨處可見時尚商店和咖啡廳。俱樂部等夜生活場所也很多。

韓妞之間討論度超高
日益發展的3大熱門區域

6 益善洞 P.20

익선동

當地保留了約100棟擁有百年歷史的韓屋，被譽為「益善洞韓屋村」。由韓屋改造而成的時尚商店陸續開業，規模正急速發展中。

7 聖水洞 P.18

성수동

原本只有工廠和倉庫街，後來紛紛進駐了多家獨具品味的個性店鋪。街上行人充滿時尚感，光是隨意逛逛也能樂在其中。

8 望遠洞

망원동

位於合井站的下一站，望遠站周邊從2017年左右開始突然人氣暴漲。結合地方與最新潮流的獨特氛圍備受矚目。

旅行建議書

運用週末＋1日的時間盡情享受鄰近的首爾 3天2夜犒賞之旅

短程飛行即可抵達的首爾，感覺就像在國內旅行一樣。
景點都集中在狹小的區域內，只要3天2夜就能暢玩。
不妨給每天努力的自己來趟犒賞小旅行吧！

第1天

到首爾市中心的明洞、弘大時尚商圈逛逛吧。

11:30 抵達仁川國際機場

13:00 搭乘利木津巴士前往首爾皇家酒店。將行李寄存在飯店

13:30 搭計程車到年輕人聚集地弘大，直接前往人氣咖啡廳

14:30 逛逛韓國在地品牌和精品店。時裝、雜貨、美妝應有盡有，讓人逛到欲罷不能

15:30 有點累的話，就到可愛的粉色咖啡廳歇歇腳。在水池邊悠閒享用甜點吧

16:30 到深受台灣人喜愛的商店購物

17:30 搭計程車返回明洞，前往複合式美妝店尋找話題商品

18:00 辦理入住手續後，將戰利品放到房間。再次回到街上

若只預計停留3天2夜，建議盡量搭乘早一點的航班前往。需提前2小時到達機場

會是怎麼樣的旅程呢？真期待！我出發囉～

從機場搭乘利木津巴士很便利

行車安穩＆座位寬敞舒適。約1小時抵達！

首爾皇家酒店➡P.126不僅地理位置優越，裝潢也很漂亮。把行李寄放在櫃台後上街遊玩

入手現代風格器皿和手工製品

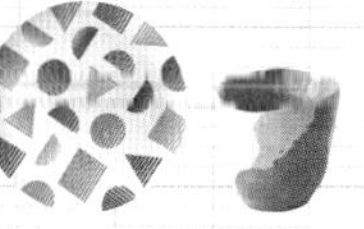

到Artiwave尋找韓系風格的室內裝飾雜貨➡P.82

在Style Nanda Pink Pool Café➡P.97休憩片刻

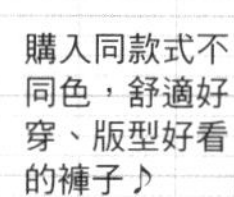

購入同款式不同色，舒適好穿、版型好看的褲子♪

到知名的Mushinsa Standard➡P.96購物

Style Nanda➡P.97的商品都擁有獨特設計。店內的每個角落都不要放過

發現薰衣草色的上衣

快速上妝Peripera的唇釉

OLIVE YOUNG為複合式商店➡P.73是流行美妝品的寶庫

18:30 到人氣燒肉連鎖店
品嘗五花肉

21:00 吃飽後，初次挑戰
韓國三溫暖和汗蒸幕。
可以排出大量的汗，
並享受搓澡和按摩

23:30 回到飯店。
敷上在美妝店購買的面膜
保養完肌膚後，準備睡覺囉

今日的獎勵
購買2支不同顏色的peripera
唇釉 22000W
生五花肉 18000W
汗蒸幕入場90分鐘 60000W

第2天

從明洞出發，遊覽各個區域。玩到晚上再回飯店。

8:00 早餐享用不易造成腸胃負擔的粥品。讓身體從早晨就開始暖起來

地鐵 3・4號線
331 423 忠武路站
↓
地鐵 3號線 327 景福宮站

9:00 到朝鮮王朝時代的
王宮緬懷歷史

11:00 前往韓國傳統家屋 ——
韓屋聚集的益善洞

12:30 在花坊咖啡廳小憩片刻。
度過被花草環繞的療癒時光

地鐵 1・3・5號線 130 329
534 鍾路3街站
↓
地鐵 3號線 337 新沙站

明洞就有分店，很方便

河南張豬肉 ➡ P.37的生五花肉
帶有獨特木炭香

明洞Hana Mud汗蒸幕 ➡ P.119也有提供MUD（泥漿）美容、護膚、身體按摩等服務

不想吃豬肉而想試試烤牛肉的話，就去碧帝排骨 ➡ P.39。可以品嘗到由專門飼養農場所提供的優質韓牛，是許多烤肉愛好者的愛店。

到汗蒸幕體驗排毒。內部高溫著實讓人驚訝！

到美味口耳相傳的本粥吃早餐 ➡ P.52。點一碗豪華的海鮮粥吧，感受天然食材帶來的溫和口感

景福宮 ➡ P.110的勤政殿是舉行國家慶典的場所

春天到處都開滿了櫻花，與復古的益善洞 ➡ P.20街道相映生輝

隨處可見外觀如畫的店鋪

特色商店和餐廳持續增加中

Madang Flower Cafe ➡ P.21曾為知名偶像劇拍攝取景地

很適合散步

大約2小時
可逛完整個區域

14:00 前往林蔭大道，
遊逛時尚女子喜愛的
時裝店和雜貨店

15:00 一邊欣賞藝術家作品，
一邊品嘗咖啡

16:00 在近年發展成美妝一條街的
林蔭大道上逛逛人氣店鋪，
尋找高品質的護膚產品

18:30 逛到肚子餓了，
來去享用知名的冷凍五花肉

19:30 填飽肚子之後，
搭乘計程車到N首爾塔

20:00 在展望台欣賞
美麗的首爾夜景。
夜間點燈也很值得一看

22:30 搭乘計程車到東大門。
最後一晚要玩得盡興，
在購物商場逛好逛滿

凌晨0:30 回到飯店。
明天要回國了！

悠閒遊逛林蔭大道。擠滿年輕人的Nice Weather MarketP.83，逛起來像尋寶一樣有趣

有LOGO的
商品相當熱銷

在台灣也很受到歡迎的3CEP.70。可愛的裝潢風格使其成為拍照熱點

前往鄭瑄茉PlopsP.71。店鋪在地下1F、2F，設有化妝室

買一條來獎勵自己如何？

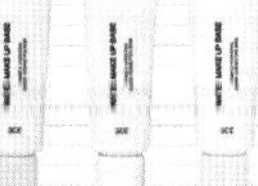

人氣的妝前乳共有3種顏色。根據自己的膚色選擇適合的色系吧

SEVENTEEN「微醺Live」出現過的餐廳

冷凍五花肉很受歡迎的大峰家 新沙總店P.59。演藝人員也經常光顧

從N首爾塔P.124可以瞭望城市全景。夜景令人著迷

每個小時會變換不同顏色

今日的獎勵
在豪華的王宮感受悠久的歷史3000W
Huxley乳霜35000W
大峰家五花肉15000W

在東大門Doota MallP.87買到的植物花紋時尚罩衫

夜晚的東大門市場擠滿了買手。建議設定主要想逛的區域

若想吃清淡一點的食物，去東大門附近的孫家一隻雞P.44品嘗鍋物如何？吃完令人難忘的絕品火鍋補充體力後，步行前往東大門。

第3天

最後一天不要留下遺憾，
盡全力的玩吧！

9:30 早餐喝碗具有美肌效果的牛尾湯

地鐵 4號線 425 會賢站
↓
地鐵 4號線 428 三角地站
↓
地鐵 6號線 630 梨泰院站

10:30 到梨泰院商圈尋找時尚伴手禮

12:00 品嘗深受當地人喜愛，配料豐富的部隊鍋

13:30 回到飯店領完行李後，搭乘利木津巴士前往仁川國際機場

17:00 從仁川國際機場飛往台灣

今日的獎勵
iPhone手機殼15000W
Parc的定食17000W

到一早就開始營業的銀浩食堂➡P.47享用絕品牛尾湯。品嘗已開業約85年老店的招牌菜

MMMG➡P.85是由4位藝術大學的畢業生所創立的文具店

店內有許多獨具特色的商品

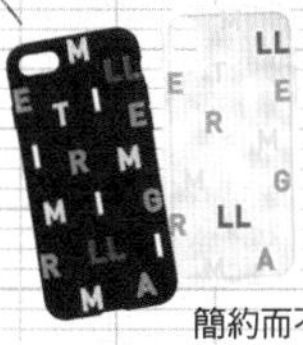

簡約而不失童趣的原創iPhone手機殼

最後一餐簡單吃個定食！

在Parc➡P.57可以品嘗到簡樸健康的韓國料理。味道相當溫和

位於龍山的新羅I'PARK免稅店➡P.91也很值得推薦。但由於機場內也有設點，於回程班機出發前再逛也不遲。

癱坐在機場。好滿足～

此趟旅行的收穫

伴手禮是這個

雜貨、美妝、時裝等，
買了好多便宜又可愛的伴手禮。

伴手禮中最喜歡這件

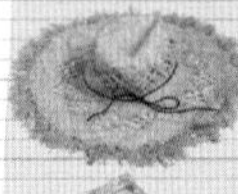

給朋友的伴手禮是心型唇膏

很好塗抹的啞光質地。顯色度高，好想每天都使用！

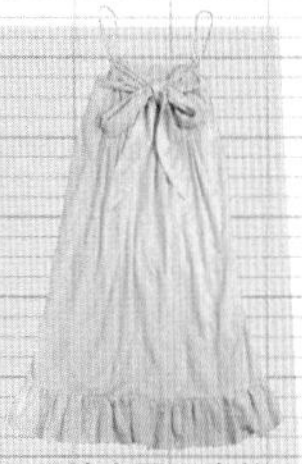

很適合夏天穿的霓虹色洋裝

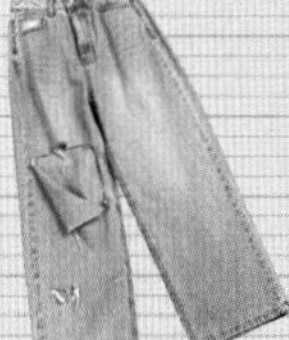

在弘大的Style Nanda➡P.97購買的輕便單品

可幫助去除角質和老廢物質的爽膚水。實現光滑透亮肌

在東大門市場的Nyu Nyu➡P.87買了很多時尚小物♪

來聽聽首爾達人推薦的景點

對首爾瞭若指掌的3位達人將偷偷地公開她們喜歡的店家，包含近期熱門的拍照景點、咖啡廳等。

① 龍理團路×sam·sam·sam超有人氣！

HYBE搬遷到此後，龍山區現在是ARMY的聖地。經紀公司附近的龍理團路有許多異國咖啡廳和餐飲店，現在的龍山一帶都是熱門景點。除了以扭結麵包聞名的BREADYPOST ➡P.54，「sam·sam·sam」也是必排的人氣名店。巡遊聖地時順道過去逛逛吧！

（顧問 Minyon）

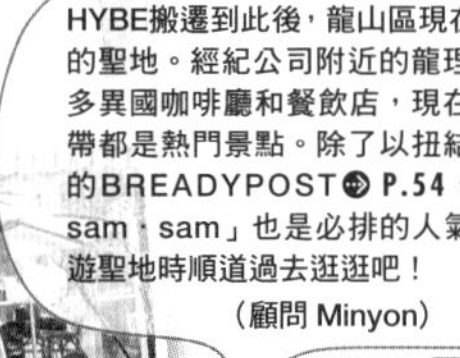

MAP 附錄P.5 B-3 龍山

所 龍山區漢江大路50街25
交 地鐵4號線 429 新龍山站3號出口步行11分 ☎ 02-795-6142
營 11:30～15:00、17:30～22:00（週六日、逢假日11:30～22:00） 休 無休

② 沉浸在流行&復古氛圍！ 星巴克 京東1960店

改建自1960年代左右的老舊劇場，充滿新式復古風的星巴克於2022年開業。位於京東市場內，讓人意想不到的有趣地理位置，店內環境寬敞舒適，每天人潮都絡繹不絕。是目前在韓國較為少見的地區一體型店鋪，請一定要去拜訪。

（顧問 大瀨留美子）

MAP 附錄P.4 D-2 清涼里

所 東大門區古山子路36街3 3～4F
交 地鐵1號線 125 祭基洞站 2號出口步行5分 ☎ 1522-3232 營 9～22時 休 無休

③ KWANGYA@首爾 也常舉辦活動！

位於SM娛樂新辦公大樓地下一樓的「KWANGYA@首爾」➡P.77，不僅販售官方周邊商品，店內還會播放明星的影片。此外，還可以留言給喜歡的偶像，和他們一起拍攝照片，生日時還會舉辦活動！不妨到此體驗一下SM的世界！

（Artist 貴愛）

不可不知的
首爾正夯旅遊精選

無論美食、購物、街道漫遊都能盡情享受的首爾，
大部分的人對潮流敏感度較高，各種流行趨勢花樣百出。
首先，推薦前往……傳統家屋林立的街道，走訪眾多人氣時尚景點和熱門商店聚集的區域，
也別忘了尋找可愛甜點和優質美妝品。
現在一起探索首爾最夯的事物及景點吧！

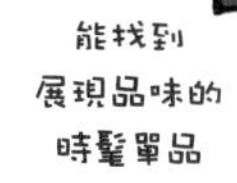

令人驚豔的倉庫街 漫遊熱門的「聖水洞」

聖水洞是目前最火熱的區域。
由老舊建築、倉庫改建而成的時尚咖啡廳和商店相當受歡迎。
漫無目的地散步也很不錯！

舊工廠區有很多老舊建築和招牌

販售國外食品和雜貨的商店

1 光是走在街上就能感受到時尚氛圍 2 也有適合拍照打卡的景點 3 有許多手工製鞋工廠

每個季節都會更換裝置藝術的「DIOR」建築

聖水洞街區介紹

1 舊工廠街

曾是鞋廠和小型倉庫的集中區域。磚塊裸露、鐵架鏽跡斑斑的老舊建築經過翻修後，成為了熱門景點

2 隨處可見時尚咖啡廳

年輕藝術家與設計師利用舊式建築進行改造。大多被整修成時尚咖啡廳

3 集結眾多人氣品牌展示店

遍布充滿時下流行元素的人氣品牌展示店。單純逛逛也很有趣

整個繞上一圈 120分

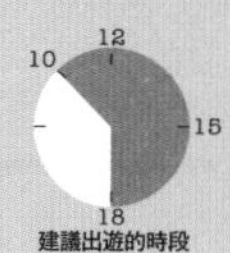

建議出遊的時段

步出聖水站後的路線指引

一走出地鐵2號線聖水站的3號或4號出口就是聖水洞。車站周邊有許多舊倉庫，時尚商店和咖啡廳都集中在南側。

空間本身就是藝術

深受日本演藝人員和造型師喜愛的設計品牌ADER ERROR Space2.0 MAP 附錄P.4 E-3。店內設計了洋溢宇宙感的展示空間，購物時可以順道過去看看。

反映MZ世代的流行趨勢

Beaker聖水店
Beaker Seongsu

清潭和漢南洞也有分店，會根據各地區的特色改變商品種類。聖水店內精選了各種潮流單品。

MAP 附錄P.4 E-3

所 城東區演武場街7-1 交 地鐵2號線 211 聖水站4號出口步行7分 ☎ 02-464-4750
營 11:00～20:00 休 無休

1 1樓以運動裝束為主 2 也有紡織品、廚房用品等雜貨 3 笑臉圖案T-shirt 16萬5000W 4 運動風配件，9700W

1 開放感十足的玻璃天花板 2 麝香葡萄茶和原味比司吉

綠意盎然的拍照聖地！

聖水聯邦
성수연방

集結餐飲店、雜貨商店的複合式設施。位於3樓的「天上家屋」咖啡廳很適合拍照，非常受歡迎！

MAP 附錄P.4 E-3

所 城東區聖水2路14街14 交 地鐵2號線 211 聖水站3號出口步行5分 ☎ 070-8866-0213 營 休 視店鋪而異

顛覆便利商店的印象!?

Door To聖水
Door To Seongsu

連鎖便利商店GS25打造的高級旗艦店。可享用以量計費的啤酒、葡萄酒和咖啡。

MAP 附錄P.4 E-3

所 城東區練武場街38-1 交 地鐵2號線 211 聖水站4號出口步行4分
☎ 無 營 7:00～23:00 休 無休

1 設置有濃縮咖啡、拿鐵等分門別類的飲料專區
2 3 只需按注入的量進行付款

熱門品牌一應俱全

House By

受年輕人歡迎的人氣品牌，MATIN KIM／THE MUSEUM VISITOR的展示店。入口處設有小咖啡攤，也可以在店內享用。

MAP 附錄P.4 E-3

所 城東區峨嵯山路5街24-33 交 地鐵2號線 211 聖水站1號出口步行3分 ☎ 02-461-2277
營 11:30～20:00 休 無休

1 大大的愛心是標誌 2 內有3個夾層，方便使用的牛皮小錢包88000W 3 單寧牛仔靴

有大量美妝品可以試用的大型展示店AMORE聖水 P.70也很受女性歡迎。

韓屋林立的區域 到益善洞散步趣

益善洞因韓國傳統家屋「韓屋」林立而聞名。
成為再開發指定區域後，近年來由年輕企業家打造的時尚景點不斷增加。
於此漫步能感受到傳統與潮流結合的氛圍喔！

益善洞街區介紹

1 韓屋究竟是什麼呢？

主要使用木材、泥土及傳統工藝製成的韓紙等天然材料建造而成的傳統建築。以木材原型作為建材也是特色之一。

2 韓屋改建的店鋪越來越多

利用韓屋開設的時尚特色商店、咖啡廳和餐廳陸續開業。

3 從甜點到餃子應有盡有，美食店相當密集

人氣專賣店、咖啡廳等，益善洞的商店種類十分多元，現在也逐漸發展成美食聖地。

4看似簡樸的韓屋被翻修得美輪美奐 5知名的法式餐廳有著引人注目的藍色大門 6發現綠白條紋相間的特殊販賣機 7和小鴨裝置藝術拍攝紀念照

1春天隨處可見盛開的紅色花朵 2獨特的招牌上標示著與世界各國釀造場的距離 3鮮豔的色彩充滿復古氣息

整個繞上一圈 120分

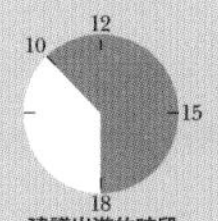

建議出遊的時段

步出鍾路3街站後的路線指引
一走出鍾路3街站4號出口就會看見MAKERS飯店。穿越前方的斑馬線進入小巷後，就會抵達益善洞。

掀起益善洞熱潮的元老咖啡廳

益善洞有名的植物咖啡廳 MAP 附錄P.8 E-3。改造自1930年左右建造的獨棟房屋，為益善洞注入了活力。夜晚到此小酌一杯也很不錯。

人氣韓屋×花坊咖啡廳

A Madang Flower Café
마당플라워카페

益善洞內充滿迷人魅力的花坊咖啡廳。店鋪內外均裝飾著大量花草，實際上也有在販售。

MAP 附錄P.8 E-3
所 鍾路區水標路28街33-12
交 地鐵1·3·5號線 130 329 534 鍾路3街站4號出口步行3分
☎ 02-743-0724
營 9:00～22:30 休 無休

1改造成現代風的韓屋。也是偶像劇《鬼怪》的取景地 2店外的雨傘是標誌。鮮豔花朵與綠色植物交相輝映的可愛咖啡廳 3有許多擺盤精美的餐點

韓國精釀啤酒

B Aledang
에일당

精釀啤酒專賣店。店內備有10多種啤酒，也有披薩、義大利麵等主餐，可以邊吃午餐、邊優雅地享用啤酒。

MAP 附錄P.8 E-3

所 鍾路區水標路28街33-9 交 地鐵1·3·5號線 130 329 534 鍾路3街站4號出口步行3分 ☎ 070-7766-3133
營 12:00～23:00 (LO22:00)
休 無休

可一次品嘗多種啤酒的組合 17500W

店內提供精釀啤酒、IKSEON IPA等10多種酒類

散發時尚的現代感

C 首爾咖啡
Seoul Coffee

由韓屋改造而成的現代風時尚建築，就連平日也座無虛席，超有人氣！招牌的紅豆奶油吐司很適合當止餓小點心。

牛奶(左)和墨魚(右)口味的紅豆奶油吐司各4500W

MAP 附錄P.8 E-3

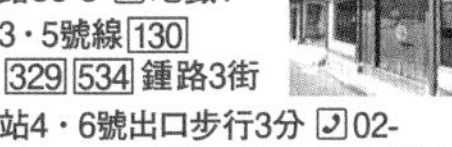

所 鍾路區水標路28路33-3 交 地鐵1·3·5號線 130 329 534 鍾路3街站4·6號出口步行3分 ☎ 02-6085-4890 營 12:00～22:00 休 無休

使用木材、玄武岩、黃銅等作為室內裝飾，完美融合了傳統和現代元素

高質感韓屋咖啡廳

D 東柏洋菓子店
동백양과점

咖啡和舒芙蕾鬆餅是招牌。韓屋內擺放著懷舊傢俱，濃濃的西式古典氛圍深受眾人歡迎。

MAP 附錄P.8 E-3
所 鍾路區水標路28街17-24
交 地鐵1·3·5號線 130 329 534 鍾路3街站4號出口步行3分
☎ 02-744-1224
營 12:00～21:00
休 無休

1從烘焙開始就十分講究。奶油咖啡8500W 2草莓舒芙蕾鬆餅23000W

首爾咖啡除了紅豆奶油吐司，方塊冰淇淋也很有人氣。

關鍵字是#cafe stagram 前往IG打卡熱點咖啡廳

韓國的時尚咖啡廳近年來不斷增加。
許多精心設計的裝潢和餐點都讓人忍不住想多拍幾張。
上傳貼文至社群時，別忘了加上熱門關鍵字「#cafe stagram」！

有竹林和燈籠相伴的非日常空間

清水堂 總店

청수당 본점

店內採用玻璃牆設計，每個角落都能讓人放鬆地欣賞日式庭園。現點現烤的舒芙蕾蛋糕和使用京都高級抹茶的抹茶拿鐵最有人氣。

MAP 附錄P.8 E-3 **益善洞**

所 鍾路區敦化門路11Na街31-9 交 地鐵1·3·5號線130 329 534 鍾路3街站6號出口步行3分 ☎ 0507-1318-8215 營 11:30～21:30 休 無休

看著店鋪周圍的綠色植物，讓人忘了時間的流逝

#城市中的綠洲

#益善洞

1有需脫鞋的和式、石桌等各種類型座位 2草莓舒芙蕾蛋糕18800W和抹茶拿鐵7800W，以及使用濟州島著名的柑橘「天惠香」(천혜향)所製作的飲品7800W

新舊融合的有趣韓屋咖啡廳

Onion 安國店

어니언 안국

首爾超人氣麵包咖啡廳3號店。由具有傳統韓式建築風格的美麗韓屋翻修而成。復古的氛圍很受年輕世代歡迎。

MAP 附錄P.15 C-4 **安國**

所 鍾路區桂洞街5 交 地鐵3號線328安國站3號出口步行2分 ☎ 070-7543-2123 營 7:00～22:00 (LO21:30)，週六日為9:00～ 休 無休

#待在檐廊放鬆

#時尚韓屋咖啡廳

洋溢韓國風情的傳統家屋令人感到療癒

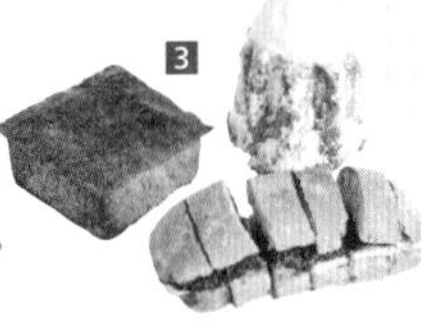

1滿滿視覺系麵包，每個都很有分量，搭配美式咖啡5000W一同享用吧 2需脫鞋的和式座位讓人忍不住久待。也設有一般座位 3剛出爐的麵包整齊排列著

人氣潮牌打造的特色咖啡廳

ADER ERROR推出以舌頭為主題的tongue cafe MAP附錄P.4 E-3。獨特的室內設計風格非常適合拍照，當打開入口處大門，以巨大舌頭為發想的空間也很值得一拍！

厚重大門向內延伸的藝術空間

大林倉庫 ／대림창고

作為聖水洞地標之一的cafe＆gallery。由大型倉庫改裝而成，店內展示著韓國知名藝術家的作品。

#倉庫改裝
#聖水咖啡廳

MAP 附錄P.4 E-3　　聖水洞

所 城東區聖水2路78 交 地鐵2號線[211]聖水站3號出口步行4分 ☎ 02-498-7474 營 11:00～22:00 休 無休

開放感十足的挑高天花板。也能欣賞藝術作品

1 2 享受邊喝咖啡拿鐵6000W邊聊天的時光。店內並提供義大利麵、披薩等料理，可在此享用正餐

超火紅的美味司康

Layered 延南店

레이어드 연남점

紅磚外牆的獨棟咖啡廳。無論店內或店外都很好拍，許多韓妞及國外女性觀光客都會來此拍照，是延南洞的IG打卡聖地。

MAP 附錄P.5 A-2　　延南洞

所 麻浦區城美山路161-4 交 地鐵2號線・京義中央線[239][K314]弘大入口站3號出口搭計程車8分 ☎ 無 營 11:00～22:00 休 無休

狗狗造型的伯爵茶蛋糕8300W

#狗狗甜點
#可愛到讓人捨不得吃

店內擺滿了自製司康和蛋糕，每一個拍起來都很有質感

天氣晴朗時，可選擇頂樓的露天座位悠閒度過

熱門咖啡廳的人潮通常都很多，建議可於開店前排隊或選擇外帶。

令人心動的時尚可愛外型
新風甜點咖啡廳

韓國的甜點咖啡廳販售著許多具獨特視覺效果的餐點。
每間店推出的品項都有其特色，吸引越來越多粉絲前往朝聖。
可愛的外型加上時尚的室內設計，讓人不由得狂按快門。

結合巧克力海綿蛋糕和覆盆莓果醬的粉紅蒔蘿奶油蛋糕15000W

覆盆莓3500W（左）、鮮奶油3900W（右）

對方會詢問要不要在濃縮咖啡中加糖

口感鬆軟的絕品甜甜圈！明星們也超愛

1 Beaten Cream 4300W、奶油起司佐草莓醬的Jelly Toast 3500W
2 人氣No.1的Cinamonilla 4300W很適合初嘗濃縮咖啡的人

可以盡享咖啡的原味

Mercury ESPRESSO

以販售濃縮咖啡為主的咖啡站。使用巴西喜拉朵產區的單品豆，能享受到苦味、酸味等複合風味。

MAP 附錄P.5 B-3 龍山

所 龍山區漢江大路11街30 交 地鐵4號線 429 新龍山站3號出口步行11分
☎ 無 營 8:30～17:00（週六日為10:00～18:00） 休 無休

甜甜圈以外的商品也是必點

Café Knotted

包含最有人氣的鮮奶油，店內共有12種口味的甜甜圈。1樓也有販售原創商品以及與企業聯名推出的小物等。

MAP 附錄P.23 C-2 狎鷗亭洞

所 江南區島山大路53街15 交 地鐵水仁盆唐線 K212 狎鷗亭羅德奧站5號出口步行6分 ☎ 0507-1426-9399
營 10:00～21:00 休 無休

香菜、蒔蘿等香草是要角

原形墨
Wonhyeongdeul

位於老舊公寓的4樓且沒有招牌，但每天人潮都絡繹不絕的人氣咖啡廳。為了充分發揮素材本身風味製作出來的甜點頗受好評。

MAP 附錄P.10 F-2 忠武路

所 中區昌慶宮路1街38 4F 交 地鐵3·4號線 331 423 忠武路站8號出口步行2分
☎ 070-7537-3216
營 14:00～20:00 休 週日

因復古可愛甜點而爆紅的「Le montblanc」

由舊毛線工廠改建而成的咖啡廳。毛線球造型的慕斯蛋糕在IG上掀起熱潮。可在景色優美的2樓座位區享用。MAP附錄P.5 C-3

淋上草莓醬後享用

將義式奶酪及花瓣包覆於糖衣內的香檳鮮花水晶球18000W

薄荷OREO起司蛋糕（照片後方）7000W。清爽的薄荷和OREO很搭

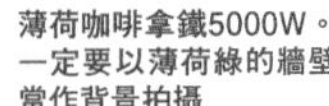

薄荷咖啡拿鐵5000W。一定要以薄荷綠的牆壁當作背景拍攝

色彩豐富的麻花捲是訪韓必吃的炸甜甜圈。（自照片右邊開始）草莓起司蛋糕3300W、鹹焦糖2900W、OREO薄荷3900W。可外帶，但於2樓內用區細味品嘗也很不錯

藝術般的美麗甜點

D SONA

由曾在米其林指南入選餐廳工作過的主廚所設計，視覺充滿美感的甜點很受歡迎。也有提供甜點全餐菜單。

MAP附錄P.24 B-2 林蔭大道

所 江南區江南大路162街40 2F
交 地鐵3號線‧新盆唐線 337 D04 新沙站8號出口步行12分 ☎ 02-515-3246
營 12:30～21:00 休 週二

讓薄荷控為之瘋狂

E MINT HEIM

以薄荷蛋糕和飲品聞名的咖啡廳。從店內裝潢到飲品都是以薄荷綠作為主題，全面貫徹薄荷元素。

MAP附錄P.19 A-3 弘大

所 麻浦區細橋路6街28
交 地鐵2號線‧京義 中央線 239 K314 弘大入口站9號出口步行10分

☎ 02-324-1359 營 11:30～21:30 休 無休

外型和口感都很特別的炸甜甜圈

F Quafe

一開業就掀起話題的可愛麻花捲專賣店。店家將馬鈴薯揉進自製的麵團中，使口感更具嚼勁。

MAP附錄P.5 A-2 望遠洞

所 麻浦區圃隱路83
交 地鐵6號線 621 望遠站2號出口步行7分
☎ 0507-1422-0930
營 10:00～21:30 休 週一

Atmosphere MAP 附錄P.5 A-2的人氣造型馬卡龍可愛度爆表！讓人忍不住想趕快發文到社群。

潛入療癒你我居家時光的偶像劇聖地

近幾年備受矚目的韓劇，
一追起來便欲罷不能，甚至可以一整天都待在家裡刷劇。
以下將介紹在幾部令人上癮的作品中所出現過的拍攝地。

《非常律師禹英禑》

主要演員：朴恩斌

＊**劇情大綱**＊患有自閉症的新人律師禹英禑，以非凡的智慧解決各種案件的同時，與身邊的人因深入交流而共同成長的人性劇集。

CENTERFIELD WEST

英禑和濬浩相遇的旋轉門

除了飯店，也有商店、餐廳、SPA等設施的辦公大樓。英禑工作的汪洋律師事務所就是位於此大樓。

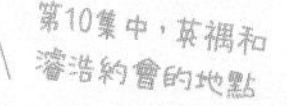

MAP 附錄P.20 D-4　驛三

所 江南區德黑蘭路231 交 地鐵2號線[221]驛三站8號出口步行8分

德壽宮石牆路

덕수궁돌담길

第10集中，英禑和濬浩約會的地點

沿著德壽宮石牆，總長約900公尺的街道，是深受情侶歡迎的散步路線。也是《鬼怪》、《財閥家的小兒子》的取景地。

MAP 附錄P.11 B-1　市廳

所 中區世宗大路19街24 交 地鐵1號線[132]市廳站3號出口步行3分

懸疑

《梨泰院Class》

主要演員：朴敘俊、金多美

＊**劇情大綱**＊擁有強烈正義感的朴世路，人生因為和囂張跋扈的連鎖餐廳「長家」的兒子發生衝突而徹底改變。他發誓要開一間超越長家的店並復仇……。

綠莎坪步行天橋

녹사평보도육교

劇中關鍵場景的天橋

地鐵6號線綠莎坪站往梨泰院方向的天橋。除了《梨泰院Class》，也是《小女子》等多部韓劇的拍攝地。

MAP 附錄P.18 D-4　梨泰院

所 龍山區綠莎坪大路195 交 地鐵6號線[629]綠莎坪站3號出口即到

Manman Kokoro弘大店

만만코코로홍대점교

以瑞也認可的長家酒館

販售泡菜鍋、長崎強棒麵等料理的24小時居酒屋。餐廳中央的櫻花樹覆蓋整個店內，非常適合拍照。

MAP 附錄P.19 A-3　弘大

所 麻浦區楊花路16街34 交 地鐵2號線・京義中央線[239][K314]弘大入口站9號出口步行7分 營 24小時 休 無休

《二十五、二十一》

《小女子》

《那年，我們的夏天》

《愛的迫降》

浪漫愛情

《二十五、二十一》

主要演員 金泰梨、南柱赫

＊**劇情大綱**＊因受到1998年IMF經濟危機的影響，21歲的易辰和18歲的希度，夢想化為烏有。描述被時代捉弄的他們所經歷的挑戰和成長，是一部青春愛情劇。

光化門廣場
광화문광장

易辰掉落的漫畫讓2人在此廣場相遇

從景福宮正門往市廳方向延伸的廣場。設有發明朝鮮文的世宗大王以及活躍於萬曆朝鮮戰爭的李舜臣雕像。

MAP 附錄P.9 B-3　光化門

所 鍾路區世宗大路1-68 交 地鐵5號線533 光化門站9號出口即到

懸疑

《小女子》

主要演員 金高銀

＊**劇情大綱**＊描述生活貧困但感情深厚的三姊妹，某天因大姊吳仁珠得到一筆700億韓圜的鉅款而捲入陰謀之中的懸疑推理劇。

首爾路7017
서울로7017

仁珠獨自一人
孤單喝著罐裝
啤酒的地方

連接首爾站東西側的天橋於1970年完成。後來因老化進行修繕，於2017年重新開放。

MAP 附錄P.11 A-3　首爾站

所 中區青坡路432 交 地鐵1・4號線133 426 首爾站2號出口步行7分

浪漫愛情

《那年，我們的夏天》

主要演員 金多美、崔宇植

＊**劇情大綱**＊學年第一的延秀和倒數第一的崔雄，因拍攝紀錄片而拉近了彼此的距離。時隔10年，因工作重逢的2人再次展開他們的故事。

首爾中央高中
서울중앙고등학교

延秀和崔雄就讀的高中!

曾為《冬季戀歌》等多部偶像劇的取景地而聞名的高中。建校於1908年的傳統建築被指定為「史蹟第281號」。

MAP 附錄P.15 C-2　安國

所 鍾路區昌德宮街164 交 地鐵3號線328 安國站3號出口步行10分

浪漫愛情

《愛的迫降》

主要演員 玄彬、孫藝珍

＊**劇情大綱**＊韓國財閥千金尹世理在乘滑翔傘時，因遭遇強風而意外降落北韓，在那裡與北韓軍人李正赫相遇……。

Wolfgang's Steakhouse

乘坐高級車的世理和戀人密會的地方

來自美國紐約的牛排餐廳。講究品質、熟成度、燒烤技術的牛排很受歡迎，現已在世界各國設立分店。

MAP 附錄P.22 D-2　狎鷗亭洞

所 江南區狎鷗亭路410 交 地鐵水仁盆唐線K212 狎鷗亭羅德奧站4號出口步行5分 營 11:00～21:00 休 無休

另外還有其他《二十五、二十一》和《那年，我們的夏天》的取景地，推薦來趟聖地巡禮之旅。

藝術、圖書館、公園等
時下最夯拍照景點介紹

來為旅行留下回憶滿滿的照片。捕捉日常的生活照固然不錯，但還是會想拍攝出讓人忍不住就想分享至社群的美照。以下介紹多個首爾的「超好拍景點」。

在壯麗的自然景觀中拍一張！

Point
#拍攝絕景View！

園內到處都是拍照景點

壯觀的向日葵花田，登上天空階梯後就能看到此光景

離天空最近的極緻美景

天空公園

하늘공원

地處離天空最近的地方而受到首爾人喜愛的公園。會隨季節變化的美麗景色是主要特色。可於展望台上一覽首爾市景。

MAP 附錄P.5 A-2　世界盃公園

所 麻浦區天空公園路95 交 地鐵6號線 619 世界盃體育場站1號出口步行約20分 ☎ 02-300-5501（西部公園綠地事業所）營 日出～日落1小時前左右※紫芒節期間會延長營業

也有小巧可愛的掃帚草，秋天時會轉紅

美麗的粉色大波斯菊。10月是最佳賞花期

絕美人氣圖書館

位於首爾大型購物商場Starfield Coex內的星空圖書館，也是社群熱門打卡景點。入場免費。MAP附錄P.20 E-3

Point
與超好拍藝術品一起入鏡

1 2每段期間的展出作品會有所不同，因此能享受拍攝各種藝術風格作品的樂趣

現代藝術的聖地

D MUSEUM

由在建築界享有盛名的大林集團所經營。館內有許多跳脫美術框架的體驗項目和很適合曬社群的展示，也有咖啡廳和商店。

MAP附錄P.4 D-3　首爾林

所 成東區往十里路83-21 B1F 交 地鐵水仁盆唐線 K211 首爾林站4號出口即到※頻繁換展。☎ 02-6233-7200 營 11:00～18:00(週六、日至～17:00) ※展示結束前20分鐘停止售票 費 視展覽而異

從17樓眺望首爾的絕景

COFFEE AND CIGARETTES

位於首爾市廳站前辦公大樓17樓的展望咖啡廳。原是作為商務人士和OL的休憩場所，但絕倫景色在社群上成為熱門話題。

MAP附錄P.11 B-2　市廳

所 中區西小門路116 17F 交 地鐵1・2號線 132 201 市廳站9號出口即到 ☎ 02-777-7557 營 8:30～21:00 (週六為11:00～) 休 週日

1從窗邊座位眺望出去的景色非常棒 2原味貝果（附奶油起司）2000W

加入牛奶和巧克力的濃縮咖啡4000W

也有販售可頌、卡諾里卷等輕食

夕陽照射下的明洞聖堂又是另一番景象

彷彿身在歐洲的露天座位

Molto Italian Espresso Bar

位於明洞的咖啡廳。店內只有站立式餐桌，開闊的露天座位能眺望明洞聖堂及N首爾塔，是社群網站上的打卡熱點。

MAP附錄P.12 E-2　明洞

所 中區明洞街73 3F
交 地鐵4號線 404 明洞站8號出口步行6分
☎ 02-778-7779
營 10:30～7:30 休 週日

位於聖水洞的「DIOR」 P.18也是人氣景點。許多時尚女子會在水晶宮前拍攝美照。

深受時尚達人喜愛 人氣商店&品牌介紹

**備受關注的韓國時尚，連日本時尚雜誌也不時製作專題報導。
來看看目前韓國時尚人士流行逛哪些商店和單品，
更新一下自己的衣櫥吧。**

A 成為穿搭主角的時尚小物

包包、服飾等人氣商品一應俱全的小型店面

B 易於搭配的日常單品

登上2樓的途中設有一個適合拍照的區域

C 店內裝潢也很好拍

1樓是選品店。收銀台附近裝飾著一幅G-DRAGON繪製的插圖

D 簡約時尚商品一字排開

店內陳列許多突顯個性的極簡風單品

衣服尺寸和台灣的差異

台灣	XS	S	M	L	XL
韓國	44	55	66	77	88

另外，鞋類尺寸的標示方式為23.5→235、24.0→240。

眾多偶像常穿的人氣品牌

A Emis

生活風格品牌，不斷推出包包、髮帶、帽子等深受時尚達人喜愛的單品。精準掌握MZ世代的心。

MAP 附錄P.4 D-3 聖水洞

所 城東區首爾林6街10 交 地鐵2號線 210 纛島站8號出口步行7分 ☎ 02-466-8870 營 12:00～19:30（週五～日至～20:00） 休 無休

大LOGO是主要特色的帽子 42000W

高30公分的迷你後背包 75000W

施以LOGO刺繡的粉色休閒褲16萬5000W

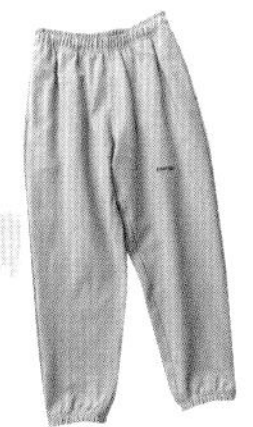

100%純棉的寬版T恤 10萬5000W

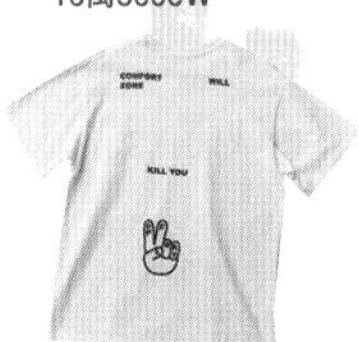

由頂級造型師開設的店舖

B Instantfunk

將流行元素融入日常穿搭的設計受到好評。TWICE、BTS穿過的中性休閒服是必買商品。牛仔褲款式也很齊全。

MAP 附錄P.23 C-2 狎鷗亭洞

所 江南區島山大路51街12 交 地鐵水仁盆唐線 K212 狎鷗亭羅德奧站5號出口步行7分 ☎ 070-7720-9093 營 12:00～20:00 休 無休

襯衫短洋裝 27萬5000W

更顯休閒感的漁夫帽 63000W

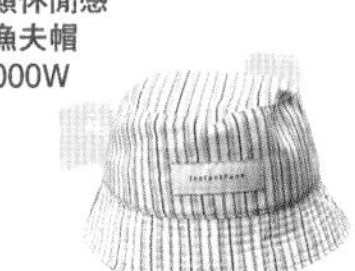

可愛的大花紋針織衫。20～30萬W

也能找到設計獨特的洋裝。10～30萬W

附設咖啡廳的複合文化空間

C Comfort

因BLACKPINK的Jennie等時尚名流將照片上傳至社群而受到矚目。以代表人飼養的貓為主題的PIYONG鑰匙圈和原創T恤很受歡迎。

MAP 附錄P.5 C-3 首爾站

所 龍山區厚岩路60街45 交 地鐵1·4號線 133 426 首爾站12號出口步行22分 ☎ 070-7607-0624 營 11:00～20:00（咖啡廳至～21:00） 休 週一

蒐羅各種百搭單品

D LOW CLASSIC

廣受20～30歲女性喜愛的品牌。商品種類繁多，細節設計簡約獨特，無論日常或正式場合穿搭都很適宜。

MAP 附錄P.24 B-2 林蔭大道

所 江南區論峴路159街57 交 地鐵3號線·新盆唐線 337 D04 新沙站8號出口步行12分 ☎ 02-516-2004 營 12:00～20:00 休 無休

Comfort頂樓設有視野絕佳的露天座位，能眺望整個首爾市景。

試著仿效韓國成熟女性嚴選自己的香氛產品

注重香水、護手霜等香味的韓國女性急速增加中。有許多講究原料的品牌，很適合當伴手禮。自用也很推薦，試著尋找喜歡的香味，以成熟女性為目標吧。

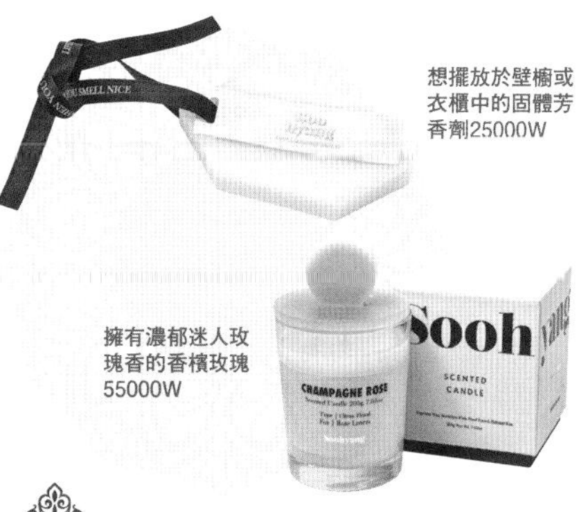

想擺放於壁櫥或衣櫃中的固體芳香劑25000W

擁有濃郁迷人玫瑰香的香檳玫瑰55000W

能遇見新香氛

The Perfume Club by秀香

秀香希望每位顧客都能找到自己喜歡的香味，並相信著好的香水能以正面的方式影響生活。秀香全部的產品皆以粉紅色為主色調，除了香水，蠟燭系列也很受歡迎，是韓國代表性的香水品牌。

聖水洞

實體店面現已歇業，線上網站仍可購物
https://soohyang.co.kr/

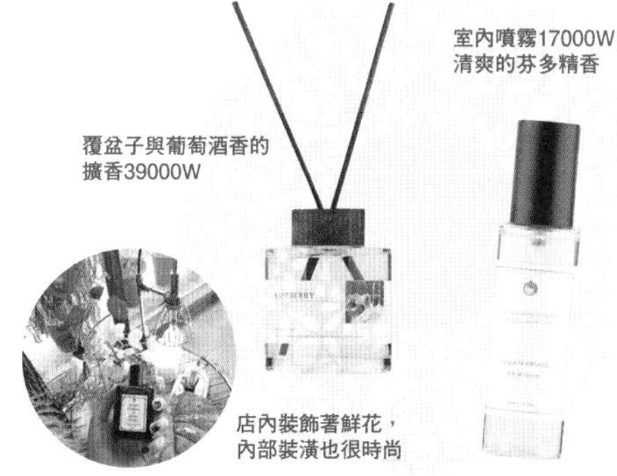

室內噴霧17000W。清爽的芬多精香

覆盆子與葡萄酒香的擴香39000W

店內裝飾著鮮花，內部裝潢也很時尚

香水種類有6種，試著依據喜好來挑選吧

常年販售16種擴香及5種蠟燭

適合送禮的香氛專賣店

Assi Bangagan

아씨방앗간

擴香和蠟燭專賣店，粉綠色外觀相當引人注目。可根據喜好調配香味，製作原創香水。

MAP 附錄P.8 E-3　益善洞

所 鍾路區敦化門路11Na街31-9 交 地鐵1·3·5號線130 329 534 鍾路3街站4號出口步行4分 ☎ 02-766-1359 營 11:00～19:30（週六、日至～20:00） 休 無休

品牌旗艦店增加中

首爾近年來開了許多旗艦店。不僅有品牌理念和相關產品的介紹，店內的空間陳設也很時尚。

添加乳木果油和維他命E的護手霜21000W

6種經典淡香精組合40000W

檀木香室內噴霧65000W

也有販售適合送禮的禮盒組

嚴選原料製成的香水

NONFICTION

韓國在地香氛品牌。所有產品均使用高品質香料並與世界級調香師合作調製而成的6種香味為基礎。

MAP 附錄P.18 F-4　漢南洞

所 龍山區梨泰院路242 交 地鐵6號線 631 漢江鎮站3號出口步行7分 ☎ 02-790-4097 營 11:00～20:30 休 無休

亦可當作「塗抹式香水」使用的香氛護手霜很受歡迎

值得一訪的時尚空間

抗菌兼具保濕的乾洗手85000W

擺放著裝置藝術的店內，到處都很好拍

如同飾品般的護手霜23000W（30毫升）

像美術館一樣充滿藝術氣息的空間

Tamburins

深受演藝人員喜愛的太陽眼鏡品牌「Gentle Monster」旗下的人氣美妝店。2023年3月於三清洞開設了第2家分店。

MAP 附錄P.24 B-3　新沙洞

所 江南區狎鷗亭路10街44 K大樓 交 地鐵3號線・新盆唐線 337 D04 新沙站8號出口步行8分 ☎ 02-511-1246 營 12:00～21:00 休 無休

當地可以製作原創香水的店鋪越來越多，很適合安排作為創造回憶的行程唷。

從節目觀賞到表演秀、拍攝地都推薦踩點！

娛樂景點

無論是現場聽K-POP、
還是欣賞令人感動的精彩表演秀，
首爾還有許多值得一玩的地方。

欣賞魅力爆棚的現場表演

節目觀賞

連呼吸聲都聽得到!?現場演出好讓人興奮

ⒸCJ ENM Co., Ltd, All Rights Reserved

M COUNTDOWN

每週四18時開始現場直播的人氣音樂節目。以公布最新熱門排行榜為主，並邀請歌手表演時下流行的音樂作品。

數碼媒體城

所 麻浦區上岩山路66 交 地鐵6號線・京義中央線[618][K316]數碼媒體城站9號出口步行11分 ☎ 02-371-5502（接待櫃檯）[觀賞方法]當日按排隊順序，於CJ ENM中心2樓攝影棚觀看演出。免費入場。

表演秀

富有強烈節奏感 全世界好評如潮！

NANTA

난타

NANTA是「亂打」的意思，以韓國傳統音樂「四物遊戲」的旋律作為題材，呈現出富有節奏的故事。整齊的節拍讓人看得目不轉睛。

MAP 附錄P.12 D-2　明洞

所 中區明洞街26 UNESCO會館3F 交 地鐵2號線[202]乙支路入口站6號出口步行5分 ☎ 02-739-8288 開 20:00～、週、六日14:00～、17:00 費 A區44000W、S區55000W、VIP區66000W

拍攝地

SUGA(BTS)也會在這拍攝MV！
時代劇愛好者的聖地

龍仁大長今公園

용인대장금파크

除了《大長今》、《戀慕》、《王后傘下》等多部熱門時代劇，BTS・SUGA的單曲「Daechwita」MV也是在此拍攝。

龍仁

所 龍仁市處仁區白岩面湧泉電視劇街25 交 地鐵1號線・水仁盆唐線[P155][K245]水原站搭計程車60分 ☎ 031-337-3241 營 9:00～18:00（11～2月至～17:00）※入場至閉園前1小時為止 休 無休 費 9500W

美食天堂——首爾

到首爾旅行，最期待的莫過於品嘗當地美食。
燒肉、韓式拌飯、冷麵之外，也有湯品、鍋物等專賣店，
每間店對於自家料理都十分講究。
以下將從美食激戰地首爾，
嚴挑細選出幾家餐廳進行介紹。
好好享受這個迷人的美食之都吧！

香嫩多汁的
烤豬肉堪稱絕品

韓國非嘗不可的豬肉料理
大口享用五花肉和烤肋排

韓國最受歡迎的料理就是烤豬肉。
將肥瘦相間的豬五花肉塞滿嘴裡，細細品嘗其滋味。
價格實惠且分量十足，無論是胃還是內心都能大大滿足。

濟州島產的黑豬五花肉
十分鮮甜

於專門農場飼養的豬隻
肉質安全有保障

編輯部推薦

1黑豬五花肉（150克）21000W。感受Q彈的油脂與鮮美的肉質　2熟成五花肉16000W～（1人份）。口感鮮嫩多汁，熟度和溫度控制也恰到好處　3最受歡迎的品項，帶骨五花肉19000W。少見的帶骨五花肉，味道十分鮮美　4生五花肉18000W。一放進嘴裡，就能感受到炭香和肉汁鮮味瞬間蔓延的美味

五花肉能抗沙塵？

韓國流傳著五花肉能促進體內毒素排出的傳聞。在深受沙塵暴之害的韓國，有些人似乎會食用五花肉來對抗沙塵。

風味滿分的濟州島產黑豬肉

1 黑豚家
흑돈가

能品嘗濟州島產黑豬肉的人氣店。簽約農家飼養的黑豬肉香甜可口，用炭火慢慢烤熟後即能享用。

人氣證明
濟州島產的黑豬肉嚐來沒有特殊氣味，越嚼越鮮甜。

MAP 附錄P.20 E-3　三成洞

所 江南區奉恩寺路86街14 交 地鐵9號線928三成中央站5號出口步行5分 ☎ 02-2051-0008 營 11:30～22:00（週一～五的15:00～17:00休息） 休 無休

美食愛好者盛讚「最鮮美可口」的名店

2 馬廄鮮肉
마굿간생고기

被美食Youtuber譽為「首爾第一美味」的五花肉專賣店。經過21天熟成的Ａ級上等豬五花肉堪稱絕品。

人氣證明
經過長時間熟成的肉具有濃郁的鮮味。熟度拿捏恰到好處

MAP 附錄P.5 A-4　永登浦

所 永登浦區永中路4街14 交 地鐵1號線139永登浦站5號出口步行6分 ☎ 02-2677-5849 營 12:00～23:50 休 無休

明星們也喜愛的熟成肉！

3 金豬食堂
금돼지식당

超講究的烤豬肉店，使用經過13天熟成的杜洛克棕色豬（金豬）。東方神起、EXO成員等演藝人員也都會到訪。

人氣證明
多汁的帶骨肉讓人上癮，味道濃厚的泡菜鍋也很受歡迎。

MAP 附錄P.16 C-4　藥水

所 中區茶山路149 1～3F 交 地鐵3·6號線333 633藥水站2號出口步行3分 ☎ 0507-1307-8750 營 11:30～23:00（LO22:15） 休 無休

絕妙的炭香風味

4 河南張豬肉
하남돼지집

超人氣的大型連鎖烤豬肉店。除了五花肉，油脂較少的護心肉（豬的橫膈膜部位）也很清爽美味。

人氣證明
於專門農場飼養的原生豬，肉質安全又美味。

MAP 附錄P.12 D-1　明洞

所 中區明洞9街12 交 地鐵2號線202乙支路入口站5·6號出口步行3分 ☎ 02-772-9995 營 16:30～24:00（週六、日為11:30～） 休 無休

燒肉醬汁＆佐料清單

搭配燒肉的醬汁和佐料會視店家而異，以下介紹常見基本款及特色品項

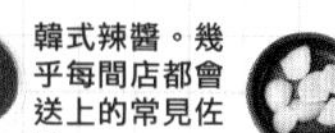

韓式辣醬。幾乎每間店都會送上的常見佐料

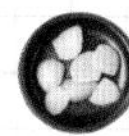

每間店都會送上的生大蒜，和肉一起烤過後享用

芝麻油混合著鹽巴的韓式風味。能品嘗到肉原本的鮮味

清爽的番茄醬汁和黑胡椒＆鹽巴

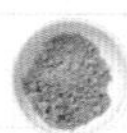

黃豆粉和豬肉意外地很搭，口感溫和香氣濃郁

吃牛肋骨肉時搭配的鹽。有些店對鹽巴等級十分講究

【燒肉附多種免費小菜！】
～小菜品項～

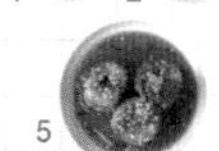
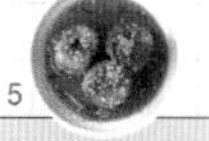

韓式燒肉最棒的是除了醬汁＆佐料，還會附上許多免費的小菜。菜色每天都會變化，讓人充滿新鮮感

1醬蟹 2醋拌涼菜 3韓式涼拌菜 4南瓜 5泡菜 6生春捲

韓式燒肉會搭配包肉用生菜、芝麻葉等蔬菜將肉包起來享用。每間店提供的蔬菜會各有不同。

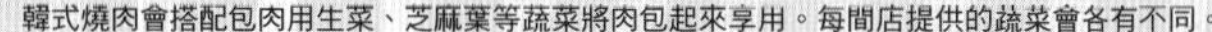

從肋骨肉到銅盤烤肉 享用美味滿點的韓牛

品質越來越好的韓國牛肉。
大口享用韓國的招牌牛肉料理——肋骨肉和銅盤烤肉吧！
許多餐廳都有提供頂級肉品，可以品嘗到肉的絕佳滋味。

圓頂形狀的特製鍋內裝滿了
肉、蔥、菇類及韓國冬粉等

1無調味的新鮮優質韓牛五花56000W 2韓牛原味肋骨肉（200克）15萬5000W。別忘了欣賞專業級的鑽石切割 3牛前胸肉（140克）38000W。薄切成片的牛肋肉 4分量十足的銅盤烤肉17000W（1人份）

連收尾也要很韓式

韓國人習慣吃冷麵或大醬湯（味噌鍋）作為燒肉的收尾。喜歡清爽的人可選冷麵，想吃飯類就選大醬湯＆白飯。

藝人明星們也會到訪的頂級韓牛店

1 永川永化
영천영화

徹底講究品質的韓牛專賣店。店內有許多演藝人員的簽名，因曾被知名美食節目介紹而廣為人知。

人氣證明
中午有划算的午間套餐可以選擇。

MAP 附錄P.22 F-2　狎鷗亭洞

所 江南區島山大路90街3 交 地鐵7號線729清潭站9號出口步行10分 ☎ 02-3442-0381 營 24小時 休 無休

使用專門農場飼養的上等韓牛

2 碧帝排骨
벽제갈비

被評為首爾最棒的燒肉店。僅使用在專門農場精心飼養的韓牛，並選擇其最頂級的部位，肉質口感極佳。

人氣證明
藝人們、政府高官等美食愛好者也經常光顧。

MAP 附錄P.18 D-2　新村

所 西大門區名物街22 交 地鐵2號線240新村站3號出口步行5分 ☎ 02-392-8308 營 11:30～22:00 休 無休

在地知名的牛前胸肉專賣店

3 鳳山家
봉산집

由第2代店主所開設，傳承牛前胸肉約50年歷史的好味道。平日客群為上班族，假日則是以家庭客為主的人氣餐廳。

人氣證明
多汁且香氣四溢的肋骨肉非常美味，回頭客絡繹不絕。

MAP 附錄P.20 E-3　三成洞

所 江南區三成路564 2～3F 交 地鐵9號線928三成中央站5號出口即到 ☎ 02-552-5898 營 11:00～21:30 休 無休

位於東大門並營業到深夜的餐廳

4 鬼怪銅盤烤肉
도깨비불고기

男女老少都喜愛的店。主要販售店名中的銅盤烤肉，其他也有肋骨肉、里肌肉等菜色可選。

人氣證明
餐點美味加上24小時營業，購物完可以順道前往。

MAP 附錄P.16 B-2　東大門

所 中區乙支路43街38 交 地鐵2·4·5號線205 422 536東大門歷史文化公園站14號出口步行5分 ☎ 02-2269-1538 營 10:30～24:00 休 無休

韓式燒肉食用方式介紹

在韓國當地吃燒肉，吃法也要入境隨俗，如此一來你也是個燒肉通!?

1 烤肉
店員會熟練地將肉放在鐵板或鐵網上烤。

2 切成一口大小
烤到差不多半熟時，店員會用剪刀剪成容易入口的大小，有時也需要自己動手。

3 包進生菜享用
將肉和喜歡的佐料放在葉菜上後，包起來食用。

【各式蔬菜】 介紹燒肉店主要提供的蔬菜。

包肉生菜
상추
吃燒肉必備的葉菜。味道類似萵苣

青辣椒
고추
非常辣，可用剪刀剪短享用

芝麻葉
깻잎
外觀與綠紫蘇相似，有獨特的苦味和香氣

青江菜
청경채
清脆容易入口，口感十足

肋骨肉通常不會用生菜包起來吃，而是直接沾鹽或韓式辣醬享用，才能盡情品嘗肉的原始風味唷。

廣受男女老少歡迎的平價雞肉料理

烹調方式多元的雞肉料理，每一種都好誘人。
經典的甜辣風味、可享受雞肉原始風味的烤全雞等，
眾多令人食指大動的料理全員到齊。

1將雞肉拌炒成銅盤烤肉風味的辣炒雞排16000W 2利用電爐烤製新鮮的國產雞，名為「통닭」(tong-dark)的烤全雞2人份18500W～。酥脆的外皮讓人意猶未盡 3整隻炭燒鍋巴雞的周圍鋪有大量的玉米和起司。起司玉米雞24000W 4起司辣炒雞排25000W～。用醬汁拌炒雞肉和數種蔬菜的辣炒雞排，搭配起司一同享用♪

濃稠的起司和雞肉是
最強組合♡

辣炒雞排的最後收尾是哪一道？

吃完三分之二的辣炒雞排時，可以加點白飯做成炒飯（볶음밥）。每間店的價格多為2000W左右。

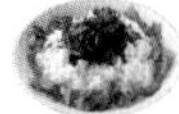

創新的自家特製醬汁很讚

1 向雞家
닭으로가

店名為「雞的家」之意，以使用國產雞腿肉和特製醬汁烹煮的各式料理為傲。辣炒雞排、韓式辣醬炒雞排都很受歡迎。

人氣證明
每到用餐時間都坐滿前來一嘗特製醬汁的當地人。

MAP 附錄P.23 C-1　狎鷗亭洞

所 江南區彥州路172街55 交 地鐵水仁盆唐線 K212 狎鷗亭羅德奧站5號出口步行3分 ☎ 02-518-9936 營 11:30～15:30、17:00～22:30 休 無休

嘗一嘗用電爐慢烤的雞

2 營養中心
영양센타

擁有多間分店的知名雞肉料理店。從店外可以看見用電爐烤製整隻雞的「통닭」，相當勾人食慾。

人氣證明
在店鋪替換快速的首爾，能持續經營約50年就是最好的證明。

MAP 附錄P.12 D-4　明洞

所 中區明洞2街52 交 地鐵4號線 424 明洞站5號出口步行3分 ☎ 02-776-2015 營 10:30～22:30 休 無休

回頭客絡繹不絕的名店

3 雞林園 東大門店
계림원 동대문점

在首爾約有20間分店的人氣店。主要販售把糯米塞進國產雞肉腹部烘烤的炭燒鍋巴雞。加入起司＆玉米的料理也很熱銷。

人氣證明
調味獨特的雞肉鮮嫩無比，讓人想無限續吃。

MAP 附錄P.16 C-1　東大門

所 鍾路區鍾路46街22 交 地鐵1·4號線 128 421 東大門站7號出口即到 ☎ 02-744-9229 營 16:00～24:00 休 無休

辣炒雞排人氣連鎖店

4 柳氏家
유가네

全韓國都有分店的知名辣炒雞排連鎖店。除了招牌料理，鐵鍋外圍放有大量濃稠莫札瑞拉起司的起司辣炒雞排也很受歡迎。

人氣證明
味道和分量都讓人滿足，回頭客眾多，有時需要排隊。

MAP 附錄P.12 E-3　明洞

所 中區明洞10街7-4 交 地鐵4號線 424 明洞站8號出口步行5分 ☎ 02-3789-3392 營 11:00 ～ 23:00 休 無休

解答辣炒雞排相關問題

台灣人也很喜歡吃辣炒雞排，以下整理了關於此道料理的各種疑問！

Q. 什麼是辣炒雞排？

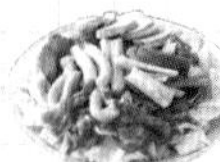

A. 以韓式辣醬拌炒雞肉、年糕、地瓜、高麗菜等食材的甜辣風味料理。

Q. 該如何食用？

A. 店員會在面前熟練地翻炒。邊欣賞店員的手藝，邊期待料理完成！

Q. 為何許多辣炒雞排店的店名會有「春川」兩字？

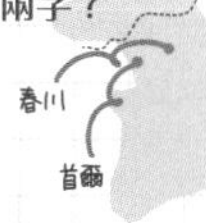

A. 因為春川是發源地，春川甚至還有辣炒雞排專賣店林立的巷弄。

起司辣炒雞排已經是基本經典料理之一，柳氏家等許多餐廳都有供應。

不僅僅只有肉類餐點！海鮮料理也別錯過

燒肉固然必吃，但錯過海鮮料理就太可惜了。在當地享受韓國特有的烹調方式，或許能發現與台灣不同的好滋味。

◆◆◆ 醬蟹 ◆◆◆

將新鮮的生螃蟹放進醬油醃成的料理。非常下飯，是韓國的特色美食。

用醬蟹乾杯

屹立不搖的人氣菜色！

醬蟹(中份) 간장게장

添加42種韓方材料的醬油是美味秘訣。75000W 

醬蟹定食 1

간장게장정식

在自製醬油中醃製3天的螃蟹，味道十分濃郁。36000W

◆◆◆ 醬蟹的食用方式 ◆◆◆

1、直接吃

用湯匙等餐具挖蟹肉，蟹腳直接用吸的

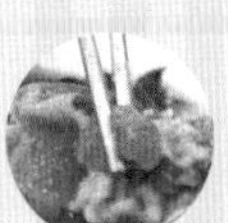

2、包海苔吃

若店家有送上海苔，可以將飯和螃蟹包入一起享用

3、在蟹殼內拌飯

將白飯和醬汁放到蟹殼中與蟹肉拌勻做成拌飯

提供醬蟹定食

花枝家

꽃지

傳承3代的老牌海鮮料理店。醬蟹的醬汁是使用牡蠣成熟時產生的精華所製。

MAP 附錄P.20 F-3 三成洞

所 江南區奉恩寺路610 交 地鐵9號線 929 奉恩寺站5號出口即到 ☎ 02-561-8788 營 11:00～15:00、17:00～21:20（週六、假日至～21:00） 休 週日

值得特地一訪

一味醬蟹

일미간장게장

無特殊腥味，味道讓人百吃不厭。醬蟹全來自位於京畿道的自家工廠。

MAP 附錄P.4 E-2 長安洞

所 東大門區長漢路24街7 交 地鐵5號線 543 長漢坪站3號出口搭計程車5分 ☎ 02-2242-4338 營 24小時 休 無休

絕品激辣細爪章魚料理

輪船汽笛

뱃고동

價格實惠與地理位置優越的人氣章魚&魷魚餐廳。招牌料理是激辣的辣炒章魚，有和式座位和開放式包廂。

MAP 附錄P.23 C-1 狎鷗亭洞

所 江南區彥州路172街54 B1F 交 地鐵水仁盆唐線 K212 狎鷗亭羅德奧站5號出口步行3分 ☎ 02-514-8008 營 11:30～21:40 (L.O20:50) 休 無休

韓國的海鮮鍋「해물탕」（Hae-Mul-Tang）

若想一次品嘗多種海鮮，海鮮鍋是不二之選。不過，其在韓國料理中屬於較辣的菜色，記得跟店家說「請不要加辣」（안맵게해주세요，An Maed-Ge Hae-Ju-Se-Yo）。

••• 長腕小章魚&小章魚(낙지 & 주꾸미) •••

낙지(nakji)是長腕小章魚，주꾸미(juggumi)是小章魚的意思。經常會在辣炒類或海鮮鍋中登場。

3 辣炒章魚
낙지불고기
辣中帶鮮的韓式辣醬搭配軟嫩的章魚堪稱絕品。17000W

4 辣炒章魚五花肉
쭈삼겹
將小章魚和五花肉加入蔬菜一起拌炒的料理。16000W

••• 蒸蛤蠣&海螺鍋(조개찜&참소라찜) •••

조개（jogae）是貝類，참소라（chamsora）是類似海螺的貝類，찜（jjim）是蒸的意思。盡情品嘗韓國的貝類料理吧！

5 蒸蛤蠣
조개찜
很適合當下酒菜的菜品。中份37000W、大份47000W

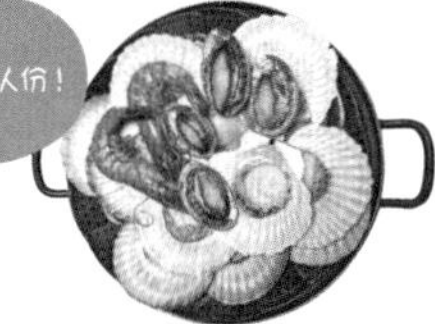

6 海螺鍋
참소라찜
口感鮮美有嚼勁，很適合配酒。29000W～

氣氛悠閒的簡樸餐廳

4 弘's小章魚
홍스쭈꾸미

從學生到上班族，客層很廣的章魚料理店。美味的祕訣在於能引出小章魚鮮味的洋釀醬。

MAP 附錄P.19 B-2 弘大

所 麻浦區遊樂廣場路146 交 地鐵2號線·京義中央線 239 K314 弘大入口站8號出口步行3分 ☎ 02-325-7943
營 11:30～23:00 休 無休

在熱鬧的店內享用時令海鮮

5 海洋世界兩天一夜小吃攤
바다나라1박2일포차

如同店名「海洋世界」一般，可以品嘗到各種海味。海鮮種類相當豐富，也有提供生食料理。

MAP 附錄P.19 B-2 弘大

所 麻浦區協和廣場路143-1 交 地鐵2號線·京義中央線 239 K314 弘大入口站8號出口步行3分 ☎ 02-334-7739
營 16:00～翌日4:00 休 無休

日綜《ANOTHER SKY》取景地

6 西村樓梯家
서촌계단집

每天從鷺梁津水產市場進貨新鮮魚貝類的人氣海鮮居酒屋。知名美食節目《週三美食會》也有介紹過。

MAP 附錄P.9 A-2 西村

所 鍾路區紫霞門路1街15 交 地鐵3號線 327 景福宮站2號出口步行3分
☎ 02-737-8412 營 13:00～23:00
休 無休

韓國人也非常喜歡生食料理，尤其鍾路和市廳周邊遍布許多生食料理居酒屋，海鮮愛好者千萬別錯過。

令人開心的大分量 必嘗的韓國3大鍋物

喜歡大家一起熱鬧吃飯的韓國有許多鍋物料理，這次要介紹的是一隻雞、馬鈴薯排骨湯、部隊鍋。恣意享用一頓豐盛又價格實惠的韓國鍋物料理吧！

湯頭
用韓方和蔬菜熬製的湯頭，濃郁且營養豐富
食材
除了雞肉，還有蔥、大蒜、韭菜、年糕等
由來
為了不用處理就能快速填飽肚子而誕生的料理
一隻雞（2人份）27000W
1

닭한마리

一隻雞

닭한마리(Dakan-Ma-Ri)就是「一隻雞」的意思。如同菜名，是一道將整隻雞放入鍋中燉煮的豪邁鍋物料理。

2

닭한마리
3

1蒜味濃郁的湯頭讓人食指大動，並且含有豐富的膠原蛋白 **2**最後收尾丟入麵條（국수사리）2000W，品嘗雞的精華 **3**位於小巷轉角處的店鋪

具美肌效果的極品湯頭

孫家一隻雞

손가네닭한마리

30多年來一直深受在地人喜愛的人氣一隻雞餐廳。獨特的濃郁蒜味，加上鮮味和營養十足的湯頭令人上癮。經常光顧的日本人也很多。

MAP 附錄P.6 F-2 新設洞

所 鍾路區鍾路崇仁洞201-13 交 地鐵1·2號線 126 211-4 新設洞站10號出口步行7分 ☎ 02-2234-9065 營 12:00～22:00 休 週日

一隻雞的食用方法

1 製作醬料

將辣椒醬和醋混合製成醬汁，邊試味道邊調整

2 剪成一口大小

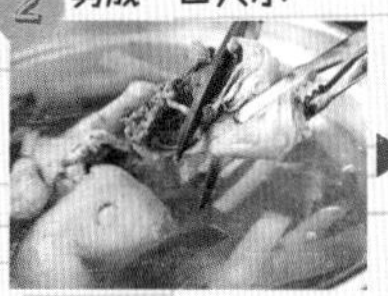

雞肉煮熟後，用剪刀和夾子剪塊，也可以請店員幫忙

3 調味湯頭

使用大蒜、辣椒醬調味，也可以直接吃

4 沾醬享用

沾上醬料享用，同時可以調整辣度享受不一樣的口味

5 用刀切麵收尾

最後別忘了加點刀切麵（烏龍麵）和年糕放入其中

通常鍋物料理
最少要點2人份

韓國鍋的選擇多樣

韓式鍋物種類眾多，從清淡到微辣都有。海鮮鍋（해물탕）、加入韓式餃子（만두）的餃子鍋等也很推薦。

湯頭
為了去除豬肉的腥臭味，添加了許多辛香料
食材
豬的背脊肉、馬鈴薯、韭菜、長蔥、金針菇等
由來
來自食材中的馬鈴薯韓文「감자」(gamja)
馬鈴薯排骨湯(小份) 28000W

滿滿的韭菜和黃豆芽。燉煮2小時以上的豬肉十分軟嫩

감자탕

馬鈴薯排骨湯

放入豬的背脊肉、馬鈴薯和蔬菜一起燉煮的火鍋。豐富的食材能讓胃得到滿足。

傳承溫和好滋味

奶奶家 할매집

創業40年以上的在地人氣餐廳。馬鈴薯排骨湯僅使用韓國產豬肉和蔬菜烹煮，分量滿點且辣度溫和好入口。

MAP 附錄P.9 A-2　景福宮

所 鍾路區社稷路12街1-5 交 地鐵3號線 327 景福宮站7號出口步行3分 ☎ 02-735-2608 營 11:50～14:00、17:00～21:00 休 週一

부대찌개

部隊鍋

火腿、香腸等加工品之外，還加入了泡麵等眾多配料的「部隊鍋」，分量十足

配料豐富口感佳

松炭部隊鍋 송탄부대찌개

略帶酸味的清爽湯頭是使用天然素材熬製而成，且未添加任何化學調味料。若是按人數點餐，泡麵和白飯都能免費續加。

MAP 附錄P.24 C-3　林蔭大道

所 江南區島山大路166 交 地鐵3號線・新盆唐線 337 D04 新沙站1號出口步行10分 ☎ 02-541-2446 營 24小時 休 無休

湯頭
充滿各種食材鮮味的濃郁微辣湯頭

食材
泡麵、韓國年糕（떡，tteok）、午餐肉等

由來
부대（bu-dae）是「部隊」的意思，因為是使用美軍遺棄的食物烹煮而來

特部隊鍋 13000W

午餐肉、香腸、泡麵等配料為鍋物增色。美味又滿足

明洞有一條海鮮鍋（해물탕）餐廳林立的小巷 MAP 附錄P.12 E-3，巷長約50公尺。

前往品嘗營養滿分、又能增強體力的湯品

湯品在台灣很容易被當成配角，但可別小看它。首爾人能如此充滿活力，其實就是多虧了這些湯品。清淡口味的湯也很適合當早餐。

征服韓國最具代表性的湯品！

編輯部推薦

18000W

營養滿分的人氣湯品

「蔘雞湯」

삼계탕

在雞的腹中塞入高麗人蔘、糯米、松子等，將雞肉燉煮至軟嫩的湯品。營養價值高，能有效制伏感冒。

充滿眾多食材精華的湯頭

感冒治好了！

土俗村蔘雞湯

토속촌삼계탕

營養滿分&濃郁的絕品湯頭

蔘雞湯是使用專門農場飼養的雞燉煮而成，用筷子一夾，骨肉就能輕易分離。一到吃飯時間總是大排長龍。

MAP 附錄P.9 A-2　景福宮

所 鍾路區紫霞門路5街5 交 地鐵3號線327景福宮站2號出口步行3分
☎ 02-737-7444 營 10:00～22:00 休 無休

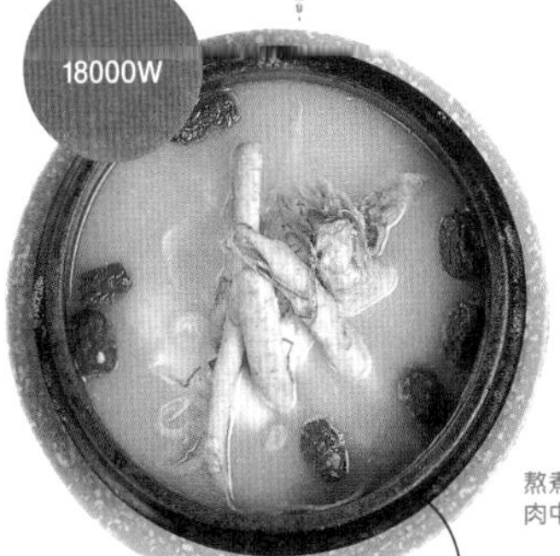

18000W

熬煮至軟爛的雞肉中有滿滿糯米

百濟蔘雞湯

백제삼계탕

位於明洞的蔘雞湯專賣店

加入高麗人蔘和紅棗增添風味的蔘雞湯，味道濃郁不膩口。

MAP 附錄P.12 D-3　明洞

所 中區明洞8街8-10 2F 交 地鐵4號線424明洞站6號出口步行6分
☎ 02-776-3267 營 9:00～22:00 休 無休

知名度超高的

「泡菜鍋」

김치찌개

添加豬肉、豆腐、蔬菜等食材的鍋物。酸辣的泡菜是道地韓式風味，關鍵是使用了醃製較久的略酸泡菜。

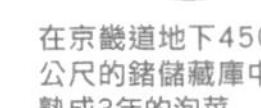

泡菜力量讓活力增加100倍！

9000W

濃郁的湯頭和豬肉是完美組合

這罈泡菜是決定味道的關鍵

在京畿道地下450公尺的儲藏庫中熟成3年的泡菜

忠武路石鍋 충무로뚝배기

特製泡菜是美味關鍵

以老闆花費8年時間研究的熟成泡菜為傲的泡菜鍋店。酸味十足的泡菜讓許多人一吃就上癮。

MAP 附錄P.10 E-1　忠武路

所 中區乾川路43 2F 交 地鐵2·3號線203 330乙支路3街站9號出口即到 ☎ 02-2266-0222
營 11:00～15:30、17:30～23:00 休 無休

「三伏天」吃蔘雞湯

在韓國，據說若於夏季最炎熱的7月中旬至8月中旬（三伏，삼복）之間吃蔘雞湯，就能健康一整年。

簡單樸實的滋味

「麵疙瘩」

수제비

將桿薄的麵團放入用蛤蜊和雞肉熬煮而成的湯頭，即為韓式麵疙瘩。通常會加入馬鈴薯、南瓜等食材。

三清洞麵疙瘩

삼청동 수제비

懷舊的韓式麵疙瘩

充滿古早味的簡樸麵疙瘩和泡菜很受歡迎，有些人更會特地開車從遠方前來品嘗。

MAP 附錄P.15 B-1　三清洞

所 鍾路區三清路101-1 交 地鐵3號線328安國站1號出口搭計程車5分 ☎ 02-735-2965 營 11:00～20:00（LO19:00） 休 無休

在蛤蜊湯中加入南瓜、蔥等食材一同燉煮的簡單滋味

9000W

暖心又護胃

武橋洞乾明太魚湯

무교동북어국집

歷史悠久的明太魚湯專賣店

1968年創業以來，堅持只販售明太魚湯。位於商辦集中區，中午用餐時間總是大排長龍。

MAP 附錄P.9 C-4　武橋洞

所 中區乙支路1街38 交 地鐵2號線202乙支路入口站2號出口步行5分 ☎ 02-777-3891 營 7:00～20:00（週六、日至～15:00） 休 無休

適合醒酒

「明太魚湯」

북어국

在牛骨湯中添加乾明太魚，慢火熬煮至湯頭變成白色，屬於口味清淡的湯品。能緩解宿醉並改善食慾不振。

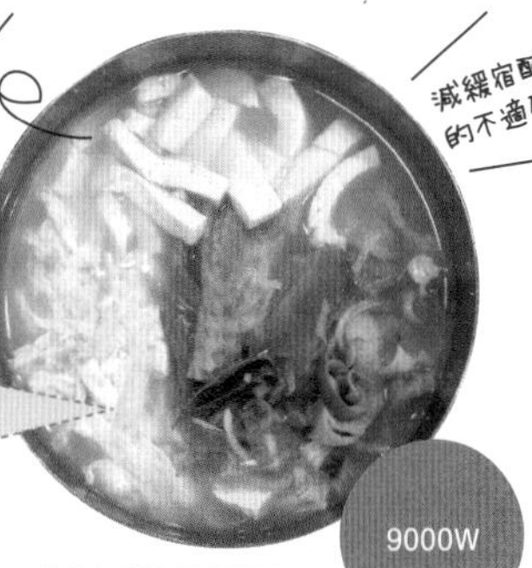

減緩宿醉的不適感

9000W

清淡鮮甜的湯頭很得台灣人的心

銀浩食堂

은호식당

具美肌效果的牛尾湯

位於南大門市場內，深受市場攤商、購物民眾歡迎的人氣店。牛尾湯也有助於養顏美容。

MAP 附錄P.11 B-3　南大門

所 中區南大門市場4街28-4 交 地鐵4號線425會賢站5號出口步行3分 ☎ 02-753-3263 營 6:00～15:00、17:00～21:00（週六日、假日為6:00～16:00） 休 無休

肌膚變得好光滑☆

28000W

試著挑戰一下!?

「牛尾湯」꼬리곰탕

牛尾放入鍋中慢燉而成的湯品。將尾巴從鍋中取出放置盤中，把骨肉分離後，搭配特製的醬油韭菜醬享用。

創業約90年，僅憑味道就吸引人潮的老店招牌健康湯品

韓國人夏天也很喜歡吃又熱又辣的湯品和鍋物，由於營養價值高，對於預防中暑非常有效。

用湯匙拌啊拌……
品嘗道地的韓式拌飯

**色彩鮮豔的韓式拌飯，光用看的就覺得很幸福。
均勻攪拌，施以變美味的魔法後送進嘴裡享用。
韓國當地的拌飯可是蘊藏著許多美味的祕密武器喔！**

吃過一次便難以忘懷。
可用自製的韓式辣醬
調整辣度

1附甜味醬拌韓國產的生牛肉及7種韓式小菜的生牛肉拌飯14000W 2與生牛肉拌飯同列人氣菜單的烤牛肉拌飯12000W 34 2018年搬遷後重新裝修，氛圍完全不同

韓國首屈一指的韓式拌飯店

木覓山房 목멱산방

連續3年榮獲米其林指南推薦，每天人潮都絡繹不絕的韓式拌飯店。拌飯一共有6種可選，最有人氣的是生牛肉拌飯。將加入梅子和水果製成的自製韓式辣醬及韓式涼拌菜與白飯均勻攪拌後享用。隨附的豆芽湯和泡菜很適合用來轉換口味。

MAP 附錄P.10 D-3　南山

所 中區退溪路20街71 交 地鐵4號線424明洞站1號出口步行8分
☎ 02-318-4790 營 11:00～20:00 休 無休

編輯部3大推薦

第1名	生牛肉拌飯 육회비빔밥	14000W
第2名	烤牛肉拌飯 불고기비빔밥	12000W
第3名	泡菜起司煎餅 김치치즈전병	13000W～

韓國料理的五味五色是指什麼？

源於韓國流傳的健康飲食觀念。五味是指辣、甜、酸、鹹、苦，五色是指綠＝綠色蔬菜、紅＝辣椒、黃＝蛋黃、白＝蛋白、黑＝海苔。

除了石鍋拌飯，正宗的韓式拌飯還有很多種類

1 24小時都能吃到的生牛肉拌飯。韓式涼拌菜上有滿滿的生韓牛腿肉　2 許多明星藝人也會到訪

演藝人員也經常光顧的烤肉店

清晨家

새벽집

創業20年以上的清潭洞烤肉名店。受歡迎的除了燒肉，還有美味又划算的招牌生牛肉拌飯。一早就有許多人前來品嘗生牛肉拌飯。

編輯部3大推薦

第1名	生牛肉拌飯 육회비빔밥	14000W
第2名	烤牛肉（200克） 불고기	38000W
第3名	冷麵 냉면	10000W

MAP 附錄P.20 E-2　清潭洞

所 江南區島山大路101街6 **交** 地鐵7號線729清潭站13號出口步行10分 **☎** 02-546-5739 **營** 24小時 **休** 無休

可愛的現代韓式拌飯

花，開在飯上

꽃, 밥에피다

店名是「花，開在飯上」的意思，有許多外觀可愛的料理，大部分的食材都是有機食品。雖然是預約制，但若有空位也可直接入座。

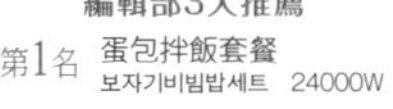

1 用薄蛋皮包覆的蛋包拌飯套餐24000W
2 蛋包內有5種色彩豐富的餡料！只於午間供應

編輯部3大推薦

第1名	蛋包拌飯套餐 보자기비빔밥세트	24000W
第2名	烤茄子冷素麵 구운가지 냉국수	24000W
第3名	烤豬肉拌飯 맥적제육 비빔밥	24000W

MAP 附錄P.14 A-1　仁寺洞

所 鍾路區仁寺洞16街3-6 **交** 地鐵3號線328安國站6號出口步行2分 **☎** 02-732-0276 **營** 11:30～15:00、17:30～21:00 **休** 無休 ※預約制。全餐的最後點餐時間為中午14時、晚上20時。

注重健康的韓式拌飯

SURASUN

수라선

因主廚「希望經常生病的女兒吃的都是健康料理」而開設的餐廳。用料講究且味道溫和的韓式拌飯很受歡迎。

1 鮑魚拌飯14500W（中午）。使用盛產地莞島（완도군）所產的鮑魚　2 有大片落地窗的明亮店鋪

編輯部3大推薦

第1位	鮑魚拌飯 전복장무쇠솥밥	14500W
第2位	螃蟹釜飯定食 꽃게장 무쇠솥밥 반상	21000W
第3位	濟州黑豬肉年糕排骨定食 제주 흑돼지 떡갈비 반상	20000W

MAP 附錄P.20 D-4　驛三

所 江南區彥州路517 新羅舒泰驛三酒店1F **交** 地鐵2號線221驛三站8號出口步行10分 **☎** 02-557-8833 **營** 11:00～15:00、17:00～22:00 **休** 無休

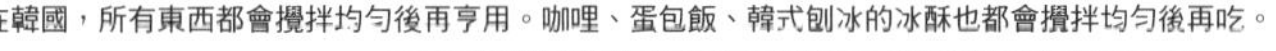
在韓國，所有東西都會攪拌均勻後再享用。咖哩、蛋包飯、韓式刨冰的冰酥也都會攪拌均勻後再吃。

若想在韓國吃麵食 推薦嚐嚐冷麵和素麵

想快速吃完一餐時，滑溜的麵條是最佳選擇。
在韓國品嘗為人熟知的冷麵和健康的韓式烏龍素麵（국수，Guk-Su）
絲滑的口感保證讓人一吃就上癮。

講究醬汁和素材的特製冷麵

明洞咸興麵屋
명동함흥면옥

堅持只選用國產天然食材。特製醬汁使用約30種材料製成，口感醇厚並帶有梨子的天然甜味。

MAP 附錄P.12 E-3 明洞

所 中區明洞10街35-19
交 地鐵4號線 424 明洞站8號出口步行4分
☎ 02-776-8430
營 11:00～20:00 休 週日

擄獲不少忠實老顧客的古早味

乙密台
을밀대

知名的平壤式冷麵店。招牌水冷麵的湯頭是用牛骨精心熬製，味道自創業以來從沒變過。

MAP 附錄P.5 B-3 麻浦

所 麻浦區崇文街24 交 地鐵6號線 625 大興站2號出口步行7分
☎ 02-717-1922
營 11:00～22:00 休 無休

延續傳統好滋味的冷麵店

江西麵屋
강서면옥

最初於北朝鮮開業。自1953年在首爾開店以來已經過3代人傳承，至今仍深受眾人喜愛。濃郁的湯頭和柔軟的麵條很受歡迎。

MAP 附錄P.11 B-2 市廳

所 中區世宗大路11街35 交 地鐵1·2號線 132 201 市廳站9號出口步行3分 ☎ 02-752-1945
營 11:00～22:00 休 無休

冷麵

分成有湯汁的水冷麵、平壤式冷麵和乾拌的韓式拌冷麵等類型。麵條是使用蕎麥粉製成，口感Q彈有嚼勁。

生魚片拌冷麵
회냉면
12000W

放有生魟魚片的韓式拌麵。特製醬汁和有嚼勁的生魚片是此道料理的亮點

A

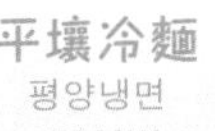

平壤冷麵
평양냉면
15000W

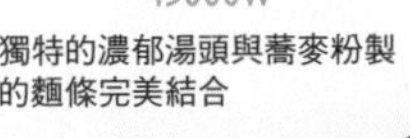

獨特的濃郁湯頭與蕎麥粉製的麵條完美結合

C

B

水冷麵
물냉면
13000W

口感Q彈的自製粗麵條和牛骨湯頭很搭

結合中華料理的炸醬麵

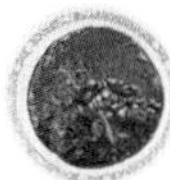

想品嘗其他麵食的人，建議可選擇開花（개화）MAP附錄P.13 C-3的炸醬麵。將中華料理的炸醬麵做成韓式風味，帶甜味的黑麵醬是主要關鍵。

素麵

類似日本烏龍麵的麵類料理。將用麵粉製成的麵直接放入湯中烹煮，口感濃稠。

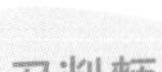

刀削麵
칼국수
10000W
手打麵和長時間燉煮的雞骨湯頭堪稱絕配，也有加入餛飩

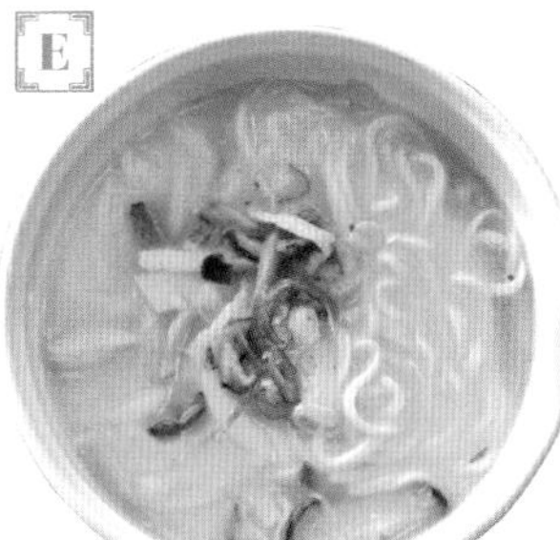

牛骨湯刀削麵
시골칼국수
9000W
湯頭味道清淡爽口，能品嘗到濃郁的牛骨鮮味

海鮮刀削麵
해물칼국수
5500W
滿滿的蛤蠣及淡菜等時令海鮮、蔥和海苔

排隊人潮川流不息的人氣刀削麵

D 明洞餃子
명동교자

1976年創業，無論何時都有排隊人潮的素麵名店。絕配的自製手打麵和湯頭，讓人一吃就會愛上。

MAP附錄P.12 E-3　明洞

所 中區明洞10街29 交 地鐵4號線 424 明洞站8號出口步行5分 ☎02-776-5348
營 10:30～21:00 休 無休

常客絡繹不絕的海鮮刀削麵

E 黃生家刀削麵
황생가 칼국수

使用時令海鮮製作的刀削麵是這間樸實小餐廳的招牌菜。自製的韓式大餃子也推薦必嘗。

MAP附錄P.15 A-3　三清洞

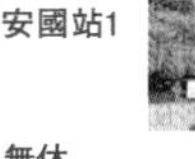

所 鍾路區北村路5街78
交 地鐵3號線 328 安國站1號出口步行13分
☎02-739-6334
營 11:00～21:30 休 無休

隱藏在小巷中的名店

F 楊家海鮮刀削麵
찬양집

位於小巷之中，充滿庶民風情的刀削麵店。濃郁清爽的湯頭和自製手工麵條，滋味醇厚。

MAP附錄P.8 E-3　益善洞

所 鍾路區敦化門路11 Da街5 交 地鐵1‧3‧5號線 130 329 534 鍾路3街站4號出口步行2分
☎02-743-1384 營 10:00～21:00 休 週日

早餐來吃不易造成腸胃負擔的粥&雪濃湯

適合作為第一餐的韓國料理，非粥和雪濃湯莫屬了，可以幫助舒緩因吃了太多辛辣食物而感到不適的腸胃。只當一般早餐吃就太可惜了，好好享受其濃厚的好滋味吧。

鮑魚的口感令人上癮
小公粥家的鮑魚粥13000W

到這裡享用

清淡的松子粥 8000W

小公粥家

소공죽집

品嘗美味的七草粥

從價格實惠的蔬菜粥到豪華的海膽粥，光是粥品就有約20種。粥是使用牛骨、小魚乾、鮮蝦等食材熬製而成的湯頭煮成，味道都十分鮮美。

MAP 附錄P.11 B-1 **市廳**

所中區西小門路139 B1F 交地鐵1·2號線132 201市廳站12號出口即到 ☎02-752-6400 營8:00～20:00（週、六日至～15:00）休無休

店內環境舒適

滿滿海膽鮮味的海膽粥 17000W

本粥

본죽

滿足度爆表！初嘗韓國粥的人也會愛上

最能夠代表韓國的連鎖粥店。敦岩店因成為《流星花園》的取景地而一舉成名。即使現在已成為必訪店，但味道仍絲毫未變，粉絲人數也在持續增加。

MAP 附錄P.12 E-4 **明洞**

所中區明洞8ga街6 2F 交地鐵4號線424明洞站6·7號出口即到 ☎02-755-3562 營9:00～14:30、15:00～21:00 休無休

海鮮粥11500W。和粥一同送上的泡菜等小菜也很美味

一共有1200間店。明洞除了這間明洞總店，還有另外1間分店

口感細膩濃郁

粥 죽

韓國粥和台灣人印象中的粥不同，是以芝麻油和湯汁調味，分量十足，類似菜粥。會將糯米煮到看不見顆粒的糊化狀態，口感細膩濃郁。

到這裡享用

鮮味十足的雪濃湯10000W

如同麻藥般讓人上癮!?

於鍾路「廣藏市場」營業約30年的母女（麻藥）飯捲 ➡ P.62。早上6:30開始營業，很適合當早餐，請務必品嘗看看需排隊等候的人氣飯捲。

享受獨特湯頭

雪濃湯 설농탕

以牛骨、肉、內臟等經長時間熬煮至白濁色的湯品。味道清淡不油膩且沒有異味。一般會加入白飯或麵線，經常作為早餐食用。

里門雪濃湯

이문설농탕

廣受喜愛的百年老店

約100年前開始營業，被譽為首爾最古老店鋪。湯頭是使用從馬場洞畜產市場購入的牛肉熬煮24小時製成。

MAP 附錄P.14 A-3 仁寺洞

所 鍾路區郵征局路38-13
交 地鐵1號線131鐘閣站3號出口步行7分
☎ 02-733-6526
營 8:00～15:00、16:30～21:00（週日至～20:00）
休 無休

許多人都是為了品嘗著名的雪濃湯而來

神仙雪濃湯

신선설농탕

排隊美食雪濃湯

首爾各地都有的雪濃湯連鎖店。用新鮮牛肉熬煮而成的湯頭濃郁可口，吸引許多饕客排隊品嘗。

MAP 附錄P.12 E-2 明洞

所 中區明洞街56 2F
交 地鐵4號線424明洞站8號出口步行7分
☎ 02-777-4531 營 8:30～21:00（LO30分前） 休 無休

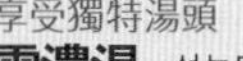

人氣雪濃湯10000W

首爾皇家酒店 ➡ P.126的正前方

這裡還有！推薦的Korean Breakfast

飯捲 김밥

韓式飯捲是使用白飯而非醋飯，會放入火腿、煎蛋、鮪魚等配料，並以塗有芝麻油的海苔包裹起來。小吃攤和美食廣場幾乎都有賣，當作輕食點心也很適合。

到這裡享用

Lee's飯捲

Lee's김밥

店內提供約30種飯捲，其中包含放入堅果的創意飯捲，每天都賣出將近800份。

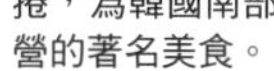

MAP 附錄P.23 A-2 狎鷗亭洞

所 江南區狎鷗亭路30街12
交 地鐵3號線336狎鷗亭站2號出口步行3分 ☎ 02-548-5552
營 8:00～20:00 休 週日

忠武飯捲

충무김밥

一天至少賣出300份無配料的忠武飯捲，為韓國南部統營的著名美食。

MAP 附錄P.12 E-3 明洞

所 中區明洞10街16 交 地鐵4號線424明洞站8號出口步行5分
☎ 02-755-8488 營 9:30～22:00
休 無休

↑內有小黃瓜、牛蒡等蔬菜和起司，Lee's飯捲的起司飯捲4300W

←在無配料的飯捲旁邊放上辣魷魚和辣蘿蔔的忠武飯捲10000W

김밥的김是「海苔」，밥是「飯」的意思，據說大約是100年前從日本傳入。

質感急速提升而蔚為話題 探訪首爾的麵包咖啡廳

**韓國的咖啡廳不勝枚舉，其中最廣為流行的是麵包咖啡廳。
在發源地接受培訓的店主所製作的麵包，味道和口感都非常正宗。
晚起的早晨，不妨悠閒的手拿麵包享用早午餐。**

梨泰院的人氣麵包咖啡廳2號店

The Bakers Table Samchong

繼梨泰院店之後的2號店。由德國廚師所開設的麵包咖啡廳，親子3代都擁有大師稱號。店家認為日常食品的價格應該要便宜，因此所有餐點的價格都很經濟實惠。

MAP 附錄P.7 C-1 三清洞

所 鍾路區三清路131 交 地鐵3號線328安國站1號出口搭計程車4分 ☎ 02-725-0777
營 9:00～18:00 休 週二

佛卡夏3500W和奶油麵包捲1200W很受日本人歡迎

湯品&可頌
menu
・奶油牛奶麵包
・Bakers Table Soup

寬敞的三清店鮮為人知，可以悠閒享受用餐時光

有蘑菇、花椰菜、番茄等口味可以選擇的Bakers Table Soup 7500W

特別有人氣的義大利紅腸（上）、奶油胡椒（下）各5500W

2023年3月開幕的聖水店也很受歡迎

店內約有10種鹹甜類扭結麵包

能品嘗多種扭結麵包

BREADYPOST

除了招牌奶油胡椒，還能享用各種軟式扭結麵包。有時會根據顧客的反應改變麵粉的種類和比例。

MAP 附錄P.5 B-3 龍山

所 龍山區漢江大路44街6 2F
交 地鐵4號線429新龍山站3號出口步行8分
☎ 070-8804-9451
營 10:00～20:00 休 無休

韓國第一家麵包店

韓國西海岸重要的港口城市 — 群山，這裏有南韓歷史最悠久的麵包店「李盛堂」，開業近80年，麵包滋味從創業迄今未曾改變。職人的美味堅持是受當地人及各地饕客慕名排隊的原因，連前總統文在寅都曾親自光顧。

鹹甜口味通通有

倫敦貝果博物館 島山店
London Bagel Museum Dosan

安國的人氣貝果2號店於2022年6月在狎鷗亭洞開幕。鹹甜口味的貝果一應俱全，種類相當豐富。

MAP 附錄P.23 C-2　狎鷗亭洞

所 江南區彥州路168街33 交 地鐵水仁盆唐線K212狎鷗亭羅德奧站5號出口步行7分 ☎ 無 營 8:00～18:00 休 無休

店內和店外皆有座位，但即使是平日仍需要候位

招牌青蔥貝果 8500W

夾有滿滿火腿和奶油，會讓人上癮的火腿奶油三明治8500W也很有人氣

從麵團到配料都是純手工

PIE IN THE SHOP

整體環境是以「與派共處空間」為理念打造的獨棟咖啡廳。每天提供約14種自製派品，也有季節限定菜單。

MAP 附錄P.5 A-2　延南洞

所 麻浦區城美山路27街26 交 地鐵2號線・京義中央線239 K314弘大入口站3號出口步行13分
☎ 070-8837-0171
營 11:30～20:30 休 無休

也有供應鮮蝦芝麻菜沙拉派8200W（單點）、湯品等適合當正餐的餐點

蘋果沙瓦奶油派7700W（右）、抹茶夏威夷果派7800W（左）

清水模設計的店內時尚又美觀

位於益善洞，以特色吐司聞名的Mil Toast也很推薦。用蒸籠蒸過的麵包口感相當鬆軟。

在新常態時代 獨飯「혼밥」已成趨勢

雖說一直以來在韓國少有人會獨自用餐，但最近卻成為一種普遍現象。從打造成咖啡廳樣式的小吃店到現代風格的傳統粉食店，好好享受時尚美味的獨飯（혼밥，hon bap）吧。

最推薦 Menu

醬油醃蝦套餐
18000W

深受美食愛好者喜愛的極品菜色

入選米其林而大受歡迎

GEBANG SIKDANG

게방식당

連續2年入選米其林指南的醬蟹和醬油醃蝦餐廳。於韓國近海捕獲的花蟹和蝦十分新鮮濃郁。

MAP 附錄P.20 D-2 江南

所 江南區宣陵路131街17 交 地鐵7號線・水仁盆唐線730 K213江南區廳站3號出口步行3分 ☎010-8479-1107
營 11:30～15:00、17:30～21:00 休 週日

其他MENU
- 醬蟹套餐
  39000W(時價)
- 辣醬蟹套餐
  39000W(時價)

※假日等會公布於Instagram

平日午間限定菜單

最推薦 Menu

韓式辣炒豬肉
8000W

溫和可口的每日定食

奶奶的食譜

할머니의 레시피

如同奶奶（할머니의）煮的一樣，以簡單溫暖的韓國家庭料理而深受好評的餐廳。曾入選米其林指南。

MAP 附錄P.4 D-3 聖水洞

所 城東區首爾林2街44-12
交 地鐵水仁盆唐線K211首爾林站4號出口步行6分 ☎02-467-5101
營 11:30～21:30 休 週二

其他MENU
- 醬蟹定食
  16000W
- 泡菜炒豬肉定食
  15000W

最推薦 Menu

島山辣炒年糕
6000W

激辣的辣炒年糕上有關東煮

可愛復古的粉食店

島山粉食

도산분식

開業以來排隊人潮從不間斷的超人氣店。菜單上的10多道料理都很有現代感，無論外觀還是味道都很完美！店內裝潢可愛又復古。

MAP 附錄P.23 C-3 狎鷗亭洞

所 江南區島山大路49街10-6 交 地鐵水仁盆唐線K212狎鷗亭羅德奧站5號出口步行8分 ☎02-514-5060 營 11:30～15:00、17:00～20:30 休 無休

其他MENU
- 炸豬排三明治
  9500W
- 島山拌麵
  7800W

也很適合一個人用餐的睿智食堂

位於小巷內的餐廳，可用平實價格享用樸實的家庭料理。從早晨開始營業，店內總是擠滿吃早餐的當地上班族。MAP附錄P.12 E-2

最推薦 Menu

麻藥大醬湯＋烤豬頸肉
25000W

越嚼越香的豬肉

獨占美味的菜包肉♪

最推薦 Menu

一人份菜包肉
19000W

最推薦 Menu

7種韓式涼拌菜盤
15000W

可品嘗到7種季節性韓式涼拌菜

內容豐富的大醬湯定食

DOMA

도마

因被人氣美食節目介紹而一舉成名。附麻藥大醬湯的定食很受歡迎，吃過一次就會讓人上癮，用餐氛圍也很輕鬆自在。

MAP附錄P.14 B-2 仁寺洞

所 鍾路區仁寺洞8街6-1 交 地鐵3號線328安國站6號出口步行6分 ☎02-733-9376 營 11:30～15:00、17:00～20:50 休 週一

其他MENU
- 牛肋肉釜飯定食　24000W
- 肉膳　53000W
- 生牛肉拌飯定食　17000W

來客絡繹不絕，可靠的人氣連鎖店

合滿怡包肉

원할머니보쌈·족발

全韓國都有分店的知名菜包肉連鎖店。菜包肉是指將水煮豬肉用泡菜和葉菜包起來吃。可以外帶回飯店享用。

MAP附錄P.12 E-2 明洞

所 中區明洞9街21 2F
交 地鐵2號線202乙支路入口站6號出口步行3分 ☎02-318-5352
營 11:00～23:30 休 無休

其他MENU
- 包肉拼盤（菜包肉＋豬腳）49000W
- 原味嫩豬腳 40000W ～

在獨棟建築享用樸實的韓國料理

Parc

位於漢南洞的純白獨棟餐廳。充滿家常味的料理深受年輕人喜愛，主餐會隨附湯品、小菜和白飯。龍山也有分店。

MAP附錄P.18 F-4 漢南洞

所 龍山區梨泰院路55街26-5 2F
交 地鐵6號線631漢江鎮站1號出口步行8分 ☎02-792-2022
營 11:30～15:30、17:30～21:00 休 週一

其他MENU
- 海鮮定食（中午）　15000W～
- 肉定食（中午）　25000W～
- 素食定食（中午）　16000W～

粉食（분식）是指天婦羅、辣炒年糕、關東煮、飯捲等輕食。

品嘗相同餐點……到偶像的愛店朝聖

若前往崇拜的偶像私下到訪過的餐廳或咖啡廳，彷彿有身處同一空間的感覺。難得來到偶像的故鄉，和他們品嘗相同餐點……也是個不錯的行程安排。

BTS

粉絲帶去的照片和簽名

黑豬肉石鍋拌飯9000W。與隨附的白飯均勻攪拌

HYBE歌手常光顧的食堂

油井食堂
유정식당

ARMY的聖地。未出道的BTS成員在還是練習生階段就會來此用餐，有時1天甚至會來用餐3次！

MAP 附錄P.24 C-3 鶴洞

所 江南區島山大路28街14 交 地鐵7號線731鶴洞站7號出口步行10分 ☎ 02-511-4592 營 10:00～21:30(週六日至～20:00) 休 無休

由舊宿舍改造而成的咖啡廳！

Hyuga Cafe 카페휴가

BTS成員＆工作人員曾經住過的宿舍，於2022年3月作為複合文化空間開幕。除了展示韓國藝術家的作品，每3個月也會舉行1次展覽。

MAP 附錄P.21 C-3 鶴洞

所 江南區論峴路119街16
交 地鐵7號線731鶴洞站4號出口步行7分
☎ 02-3444-2022
營 10:00～21:30
休 無休

牆上貼滿來自世界各地的粉絲留言

由原來的客廳改裝而成，點餐櫃檯原為廚房

Red Velvet到訪過的咖啡廳，Gestalt coffee

店內充滿高級感，點餐時需將餐點寫在置於桌上的紙張。書寫過後的紙可以取回，若與咖啡、蛋糕一起入鏡，或許能讓照片看起來更加時尚喔。MAP 附錄P.5 A-2

SEVENTEEN

店內雖然寬敞，但由於很受歡迎，人潮眾多時還是需要候位

SEVENTEEN到訪的是這間總店，而林蔭大道也有分店

SEVENTEEN舉行微醺Live

大峰家 新沙總店 대봉집 신사본점

可品嘗五花肉和豬皮的餐廳。入店拍攝時不僅點了15000W的五花肉，還點了菜單上的所有料理。

MAP 附錄P.24 B-3 新沙洞

所 江南區狎鷗亭路2街57 交 地鐵3號線・新盆唐線337 D04新沙站8號出口步行3分 ☎ 0507-1310-0155 營 16:00～24:00 休 無休

NewJeans

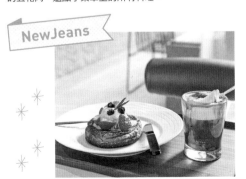

草莓法式焦糖奶油酥6900W

法式焦糖奶油酥很受歡迎的咖啡廳

offer BAKERY CAFÉ

《劉QUIZ ON THE BLOCK》曾於此拍攝的時尚咖啡廳。除了麵包，同時販售瑪德蓮等烘焙點心和蛋糕，咖啡以外的飲品也很多。

MAP 附錄P.19 A-3 弘大

所 麻浦區弘益路5街21 交 地鐵2號線・京義中央線239 K314弘大入口站9號出口步行5分 ☎ 0507-1486-9994 營 9:00～21:30 休 無休

永川永化➡P.39、金豬食堂➡P.37等餐廳也會有人氣偶像光顧。

女人悄悄話與美酒相伴

說到韓國酒，除了經典的馬格利酒，現在也有精釀啤酒可以品嘗。時尚的釀酒廠也越來越多，和當地人一起在小攤上乾杯也很不錯！以下介紹首爾特有的飲酒方式。

前往馬格利酒吧品嘗各種口味

享受不同季節釀造的生馬格利酒10000W（1000毫升）。從右邊開始是清爽微碳酸口感的「春」、強碳酸的「夏」、清淡微酸的「秋」以及絕妙酸甜滋味的「冬」

大小容易入口的牛肉煎餅21000W

柚子口味

草莓口味

1甜味與酸味恰到好處的草莓馬格利（前）以及清爽風味的柚子馬格利（後）各11000W（1.2公升）
2類似比薩的起司泡菜煎餅19000W

享用新鮮的馬格利酒

慢村釀酒廠

느린마을양조장

釀酒廠位於店內，可以品嘗剛釀好的生馬格利酒。生馬格利酒的酒精濃度會根據釀造時日而有所不同，每種口味都試著喝喝看吧。

MAP 附錄P.19 A-3 弘大

所 麻浦區弘益路5內街14 2F
交 地鐵2號線・京義中央線239 K314弘大入口9號出口步行5分
☎ 02-336-4788
營 14:00～23:00
休 無休

受當地年輕人歡迎的馬格利居酒屋

馬格利沙龍 막걸리싸롱

位於弘大的超人氣居酒屋。主要販售韓國知名的馬格利，亦有水果風味的馬格利雞尾酒。料理也是佳評如潮。

MAP 附錄P.19 A-3 弘大

所 麻浦區臥牛山路21街12-6
交 地鐵2號線・京義中央線239 K314弘大入口站9號出口步行10分
☎ 02-324-1518
營 15:00～翌日2:00
休 無休

韓國喝酒禮儀

在長輩面前喝酒時要轉身飲用。為人斟酒時要用右手，左手要扶著右手的手肘。女性不能為親屬以外的男性斟酒。

前往能體驗在地氛圍的小吃攤（포차）

1

2 3

4

布帳馬車的使用方法

1. 語言不通也能用指的點餐
2. 按照店員指示入座
3. 加點時要通知店員
4. 吃完再結帳。最好一開始先確認價格

1店內最受歡迎的料理，非常辣的雞腳（닭발） 2桃子口味沙瓦（이슬톡톡） 3也有吹起水果燒酒熱潮的柚子燒酒 4滿是年輕人的店內

小吃攤風格的室內空間

韓信大排檔 한신포차

因價格透明實惠而廣受歡迎的室內布帳馬車。弘大店每天的候位人潮都絡繹不絕。

MAP 附錄P.19 A-3 弘大

所 麻浦區西橋路13 交 地鐵6號線623上水站1號出口步行7分
☎ 02-3143-0410
營 18:00～翌日4:00（週、五、六至翌日5:00）
休 無休

比較當地的馬格利酒

到有提供韓國全品牌的Damotori品嘗各地馬格利。

A

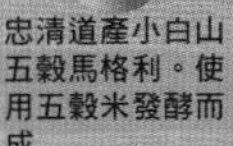

忠清道產小白山五穀馬格利。使用五穀米發酵而成

B

全羅北道的宋明燮馬格利（송명섭 막걸리，暫譯）。酸味較重

C

微碳酸感是慶尚道產的福順都家手工釀造馬格利的最大特色

Damotori 다모토리

MAP 附錄P.18 D-3 梨泰院

所 龍山區新興路31 交 地鐵6號線629綠莎坪站2號出口步行10分
☎ 070-8950-8362 營 18:00～23:00（週六、日為16:00～） 休 無休

也有加入地瓜製作的地瓜馬格利，以及以栗子、馬鈴薯、玉米為原料製成的當地馬格利。

集結眾多美味料理 到市場&小吃攤盡情享受在地美食

堪稱當地人廚房的市場，以及可以享受邊走邊吃樂趣的小吃攤，這些地方的美食都深受人們喜愛。感受活力氛圍的同時，也能品嘗在地特色佳餚。

市場內的人氣美食CHECK

美食街靠近「南1門」

市場內對觀光客友善的店鋪眾多，有空位就能直接入座

很有在地感的知名市場

廣藏市場

광장시장

想品嘗市場的美食就不能錯過這裡，各式各樣的小吃攤林立，既熱鬧又洋溢著韓國風情。可融入當地人之中盡情享受美食。

MAP 附錄P.16 A-1　鍾路

所 鍾路區昌慶宮路88 交 地鐵1號線 129 鍾路5街站7號出口步行1分
☎ 02-2272-0967 營 通常為9:00～20:00（美食街為9:00～22:00）休 週日（視店鋪而異）

人氣店介紹

生牛肉19000W。沾取加入鹽與胡椒的芝麻油享用

UKE.Z

육회자매집

位於生牛肉巷的老店。菜單上只有生牛肉、肝、瓣胃。

MAP 附錄P.16 A-1

所 鍾路區鍾路200-4
☎ 02-2272-3069
營 10:00～14:00、15:00～21:40 休 週日

將喜歡的蔬菜放入大碗公中品嘗的必吃美食。5000W

元祖米 大麥拌飯

원조쌀보리밥

蔬菜拌飯知名店。可隨意選擇不同蔬菜放在大麥飯上。

MAP 附錄P.16 A-1

所 鍾路區昌慶宮路88
☎ 010-2864-2775
營 9:00～22:00
休 無休

僅包著細絲紅蘿蔔和醃蘿蔔的簡單飯捲3000W

母女飯捲

모녀김밥

吃了會上癮，因而獲得「麻藥飯捲」稱號的元祖店。

MAP 附錄P.16 A-1

所 鍾路區昌慶宮路12街10
☎ 02-2264-7668
營 6:30～20:00（週六至～19:30）休 週日 C 不可使用

位於廣藏市場的人氣咖啡廳

聖水洞、安國皆有分店的人氣麵包咖啡廳「Onion」，Onion 廣藏市場店MAP附錄P.16 A-1於2022年開幕。多層次酥皮的「Pastry Pizza」尤其推薦。

邊走邊吃小吃攤美食

先從必嘗美食開始

用甜辣醬汁燉煮棒狀年糕的辣炒年糕是韓國代表性的美食。將炸花蟹與醬汁一起拌炒的辣醬蟹也不容錯過。

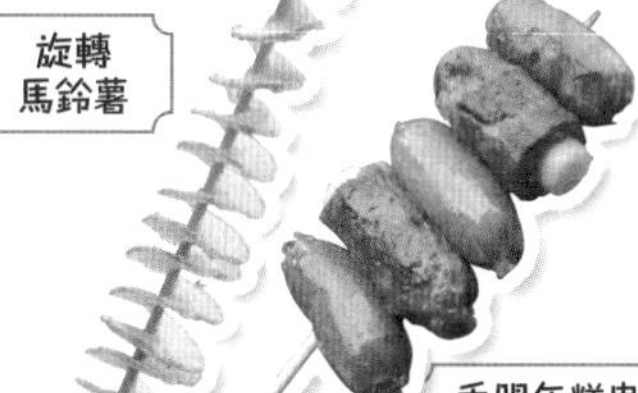

眾多串類美食

單手就能享用的串類美食相當多。大尺寸的旋轉馬鈴薯極具衝擊效果。

重視分量就選這個

若還不滿足，不妨品嘗將炸雞和年糕用甜辣醬汁拌炒的辣雞肉串，以及包著肉和蔬菜的土耳其烤肉。讓胃的每個角落都能被填滿。

以甜食收尾

最後當然要吃個甜食，就用包著糖漿的黑糖餅和鯛魚燒冰淇淋來收尾吧。

（滿街小吃攤的明洞&弘大）

明洞

明洞的小吃攤特別多，種類也很豐富。小吃攤會於15時～16時左右出現，多到讓人不知從哪一樣開始吃起。

弘大

沿著和諧廣場路一帶都有常設小吃攤。有販售串燒、章魚燒、起司類小吃等各式各樣的攤商。

若在市場有看到想吃的店就直接坐下吧，吃完再結帳即可，而路邊小吃攤則必須要先結帳，價格也記得要先確認。

潤喉、改善體質！喝杯盡是好處的傳統茶小憩片刻

在韓國，比起茶葉沖泡的茶，以水果、穀物為原料的傳統茶更為常見。每種傳統茶都有不同的功效，可以根據當天的身體狀況飲用。何不在復古的韓屋中潤潤喉，感受它的好處呢？

傳統茶的由來

西元6～7世紀左右，用茶葉沖泡的茶隨佛教一同從中國傳入，並在貴族和寺院中盛行。然而，隨著李朝時期儒教興起，為了不讓飲茶普及，便對茶葉課以高額稅金，讓茶葉成為奢侈品。因此，使用水果和穀物製成的傳統茶就在民間日漸流傳。每種茶都有不同的效果與療效，根據季節、身體狀況和心情選擇適合的茶來喝已成為一種習慣，並延續至今。雖然大部分的傳統茶都像甜甜的果汁，但這種甜味有助於消除疲勞。在遍布於仁寺洞的復古傳統茶屋中，體驗與台灣不同的茶文化也是個不錯的選擇。

代表性傳統茶介紹

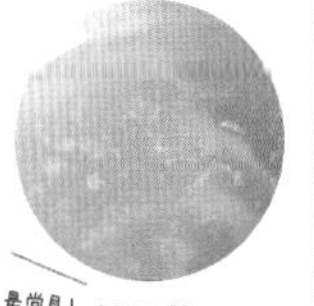

最常見！

柚子茶
유자차
功效：預防感冒、美肌

將浸泡於蜂蜜和砂糖中的柚子皮用熱水沖泡的茶。含有豐富的維他命C

紅棗茶
대추차
功效：抗老、便祕

將紅棗煮過，加入砂糖、蜂蜜悶煮的茶。富含維他命C和鐵

編輯部最推薦

五味子茶
오미자차
功效：放鬆、減重

由具有甜、辛、苦、酸、鹹五種味道的五味子果實製成的茶。通常冷飲居多

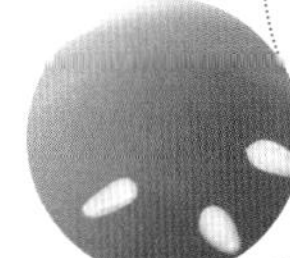

梅子茶 很受歡迎
매실차
功效：促進消化

用蜂蜜醃製的梅子所泡製的茶，香氣十足。味道酸甜清爽

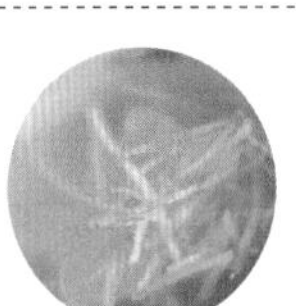

花梨茶
모과차
功效：潤喉、美肌

將浸泡於砂糖和蜂蜜中的花梨果實用熱水沖泡的茶。果香濃郁好入口

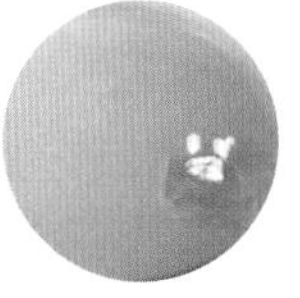

甜米釀
식혜
功效：促進消化

在煮好的糯米中加入麥芽粉和熱水的飲品。喝起來如同甜酒般順口

菊花茶
국화차
功效：頭痛、眼睛充血

將浸泡於蜂蜜中的菊花用熱水沖泡的茶。味道淡雅，效果很好

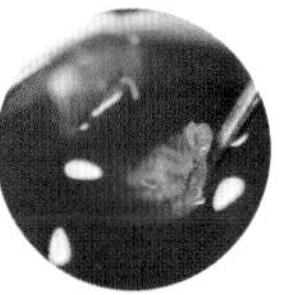

水正果
수정과
功效：體質虛寒、免疫力UP

將生薑和肉桂煮過後，放入砂糖和柿子乾的茶。會讓身體由內而外暖起來

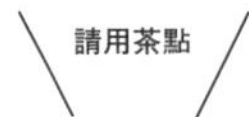

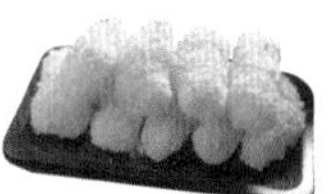

在傳統茶屋點傳統茶時，店家通常會提供傳統點心「韓菓」作為茶點。圖為由糯米油炸而成的油菓，甜味適中，味道單純

台灣和韓國的茶原料完全不同!?

與台灣茶相比，韓國傳統茶的定義更為廣泛，除了茶葉，還會使用各式各樣的原料，例如桑葉、柿葉等植物葉，水果、穀物和堅果，以及生薑、高麗人蔘等植物根莖。這或許就是韓妞的美肌祕密。

到這裡享用傳統茶

傳統茶院

전통다원

在雅致氛圍的傳統韓屋度過寧靜時光

位於耕仁美術館內的傳統茶屋。原為著名政治家朴泳孝的故居，既莊嚴又充滿魅力。

MAP 附錄P.14 B-2　仁寺洞

所 鍾路區仁寺洞10街11-4，耕仁美術館內
交 地鐵3號線328安國站6號出口步行6分
☎ 02-730-6305 營 10:00～22:50 休 無休

1中庭有露天座位
2冰五味子茶等冰茶可幫助提神
3走進入口處便能感受到寧靜氛圍
4牆面上都是客人的塗鴉，這也是文化!?

美麗茶博物館

아름다운 차박물관

結合傳統與現代
陶器和茶葉都有販售的茶博物館

設有咖啡廳、藝廊和商店的茶博物館。現代韓屋中不僅有展示和販售陶器，還能品嘗世界各國的茶。

MAP 附錄P.14 B-3　仁寺洞

所 鍾路區仁寺洞街19-11 交 地鐵1號線131鐘閣站11號出口步行5分
☎ 02-735-6678 營 11:30～20:00 休 無休

1百花茶10000W　2柚子冰沙9000W。傳統茶以外的飲品也很多
3天花板採遮陽棚設計，引進自然光　4只參觀藝廊也OK

壽硯山房

수연산방

小說家的故居再利用

位於城北洞的傳統茶屋，建築物為近代小說家李泰俊的故居。在充滿懷舊氛圍的空間裡盡情享用傳統茶吧。

MAP 附錄P.5 C-1　城北洞

所 城北區城北路26街8 ☎ 02-764-1736 營 11:30～18:00（LO17:00，週、六日至～22:00 LO21:00）休 週一、二 交 地鐵4號線419漢城大入口站6號出口步行20分

具有放鬆和預防感冒效果的五味子茶

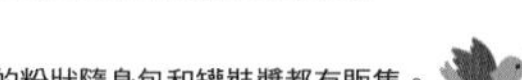

回台灣也想品嘗傳統茶的話，可以前往超市或百貨公司地下美食街➡P.78，用熱水就能快速溶解的粉狀隨身包和罐裝醬都有販售。

趕時間的好選擇

美食廣場

料理選擇豐富、點餐步驟簡單的美食廣場，是個能快速用餐的便利場所。

美食廣場利用方法

這次在樂天百貨內享用！

STEP 1 選好料理後點餐

從菜單列表或店門口的樣品中選擇喜歡的料理，到點餐櫃檯告知店家編號和料理編號後結帳。

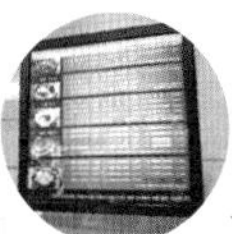

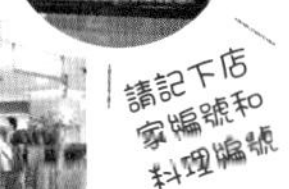

請記下店家編號和料理編號

STEP 2 回到座位等待呼叫器響起

呼叫器會閃燈&震動提醒♪

結帳時會拿到取餐呼叫器和兌換券，找到座位後坐下等待呼叫器響。

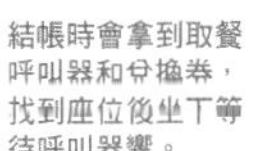

STEP 3 取餐

料理需至點餐店家的櫃位領取。餐具回收處也是在各店櫃位居多。

很適合一個人用餐☆

不可不知的美食廣場基本資訊

★水要自取

水基本上都要自取，杯子與餐具回收至同個櫃位即可。

★自由入座

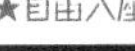

採自由入座的方式，坐哪都OK。點餐前建議先找座位。

★料理種類

除了韓國料理，也有洋食、中式、和食等。

★消費價格

正宗的韓國料理只要5000W～，甜點還會更便宜。

美食廣場這裡有!!

樂天百貨 B1

롯데백화점

韓國料理以及和、洋、中式全都有。有中文標示，很方便，座位也都寬敞舒適。

MAP 附錄P.13 C-2　明洞

所 中區南大門81 交 地鐵2號線202乙支路入口站7號出口即到
☎ 02-2200-0111 營 10:30～20:00（週五～日、假日至～20:30）
休 週一不定期休息 店鋪數23間

THE現代首爾 B1

The Hyundai Seoul

種類非常豐富齊全。以餐車形式販售，選擇時也很有樂趣。

MAP 附錄P.5 A-3　汝矣島

全9店鋪 ➡P.74

樂天百貨的美食廣場。中午擠滿了附近的OL和消費者。

好物眾多的首爾購物趣

說到首爾的伴手禮，大多都會想到泡麵和零食，
但從朝鮮王朝時代流傳下來的韓國傳統雜貨，
以及便宜好用、包裝可愛的韓國美妝品也絕對不能錯過。
就連時尚單品也與日本設計一樣精美。
市中心內有各種市場和免稅店也是首爾的特色，
市場還能透過討價還價獲得折扣，是個能展現本領的地方唷！

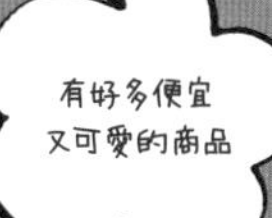

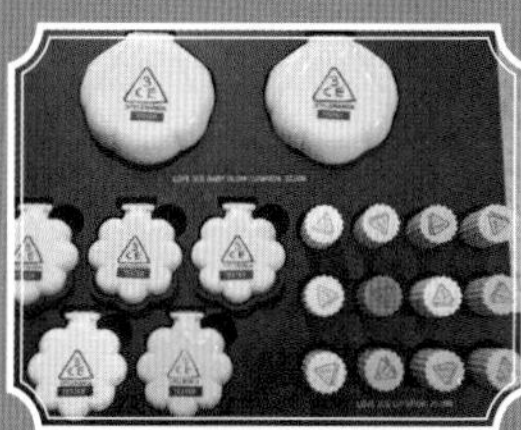

美容大國必買 時下流行美妝品

韓國美妝十分受歡迎，購買美妝甚至還會被當作旅行的目的，
可愛新穎的單品不斷推陳出新。
難得都來到韓國，不妨入手最新的流行美妝品，讓自己煥然一新！

CICA Item

CICA萃取自作為外傷藥主成分的積雪草。具有修護、舒緩肌膚的特性

A Green Derma Tea Tree Cica Toner
添加低刺激PHA成分，敏感肌也能去角質。38000W

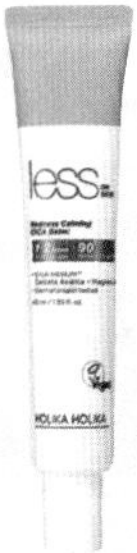

C Less On Skin Redness Calming Cica Balm
鎂和新鮮積雪草萃取能舒緩泛紅的肌膚。含有90%對肌膚溫和的天然成分。22000W

A Green Derma Mild Cica Seurm
質地清爽，很適合早上化妝前使用。24000W

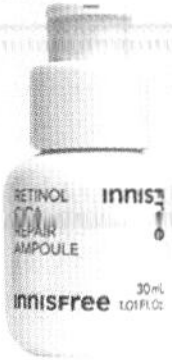

B A醇淨膚超修護安瓶
蘊含A醇＆CICA，能幫助改善暗沉、老廢角質、毛孔粗大。57000W

Vegan Cosmetics

不使用動物性來源成分的美妝品。對肌膚和環境都很溫和

Vegan Face All Palette
只要這一盤就能完成整臉妝容（Amuse）／32000W

C Less On Skin Panthe Bible Vegan乳霜
添加具抗炎保濕效果的泛醇，能有效鎮定肌膚。28000W

D 魔女工廠的Our Vegan Dokudami Cica洗面乳
魚腥草粉能去除堆積在毛孔中的老廢角質。14000W

D 魔女工廠的Our Vegan Dokudami Cica乳霜
添加98%對肌膚溫和不刺激的魚腥草萃取。28000W

唇釉
質地水潤，塗上後雙唇豐潤飽滿！（Amuse➡P.70 20000W）

人氣美妝品牌在大創也能買到

氣墊粉餅等廣受歡迎的韓國美妝品牌CLIO，竟然與韓國大創 MAP 附錄P.12 F-4 合作！品牌名為「twinkle pop」，價格僅需3000W～。質量優於價格在韓國掀起一波話題，很適合當作伴手禮。

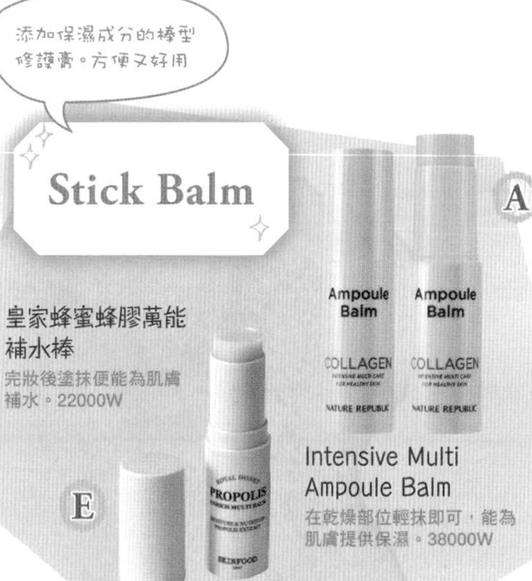

皇家蜂蜜蜂膠萬能補水棒
完妝後塗抹便能為肌膚補水。22000W

Intensive Multi Ampoule Balm
在乾燥部位輕抹即可，能為肌膚提供保濕。38000W

Toner Pad

吸附化妝水的棉片，很適合用來擦拭或去角質！

胡蘿蔔鎮靜爽膚棉片
含有從濟州島產的天然胡蘿蔔籽油中提取的β胡蘿蔔素。有助於調整肌膚紋理。20000W

Abib的魚腥草棉片
吸附魚腥草精華的棉片能有效調理肌膚。（OLIVE YOUNG P.73／20000W）

A 自然派美妝品的先驅 Nature Republic

使用天然成分和最先端技術，舒緩&保濕蘆薈凝膠很受歡迎。

MAP 附錄P.12 E-4 明洞
所 中區明洞8街52 交 地鐵4號線424明洞站6號出口即到
☎ 02-753-0123 營 9:00～22:00 休 無休

B 使用天然成分的自然派品牌 innisfree

販售各種針對肌膚問題的天然美妝品。價格實惠也是魅力之一。

MAP 附錄P.12 E-4 明洞
所 中區明洞8街43 交 地鐵4號線424明洞站6號出口即到
☎ 02-774-0708 營 10:00～23:30 休 無休

C 由實力雄厚的老品牌所經營 Holika Holika

設計理念為用魔法咒語「Holika・Holika」將女孩變漂亮！

MAP 附錄P.12 D-2 明洞
所 中區明洞街31 交 地鐵2號線202乙支路入口站5·6號出口步行6分
☎ 02-6272-1230 營 10:00～22:00 休 無休

D 集結120個以上美妝品牌 ALL MASK STORY

韓國複合式美妝店。價格通常會比定價便宜。

MAP 附錄P.12 E-3 明洞
所 中區明洞8街34 交 地鐵4號線424明洞站6號出口步行2分 ☎ 0507-1370-5532
營 10:00～23:00 休 無休

E 販售以食物為原料的單品 SKIN FOOD

以「吃了對身體好的食物也能讓肌膚變好」為理念的美妝品牌。

MAP 附錄P.12 E-3 明洞
所 中區明洞8街9 ☎ 02-318-7727
營 10:00～23:00 休 無休 交 地鐵4號線424明洞站6號出口步行4分

首爾有許多美妝店和藥妝店，每間店鋪的價格都不同，建議多比較幾間再下手。

美少女與花美男都風靡 認識傳說中的美妝品牌

注重護膚和化妝的韓國臉讚（얼짱）所關注的品牌，不乏實力派美妝品。探索每個品牌，以成為韓國美妝通為目標吧。

包裝可愛質量好

絲絨唇釉

質地濃稠好塗抹，顯色度佳，讓雙唇成為妝容的主角。17000W

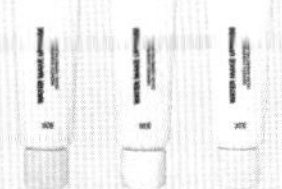

潤色保濕妝前乳

水分含量高，能使肌膚呈現水嫩透亮感。共3色。25000W

人氣品牌的美妝系列

3CE

由時尚品牌Style Nanda➲P.97創立的3Concept Eyes旗艦店。除了林蔭大道，各地也都有分店。

MAP 附錄P.24 B-2 林蔭大道

所 江南區狎鷗亭路8街22 交 地鐵3號線・新盆唐線337 D04新沙站8號出口步行13分 ☎02-544-7724 營 11:00～22:00 休 無休

具韓國代表性 Green&Vegan美妝品牌

持久遮瑕純素氣墊粉餅

薄擦即有高遮瑕力，24小時不脫妝。34000W

果凍唇釉

色彩、光澤和水潤度能持續服貼12小時，打造水潤豐盈雙唇。20000W

體驗純素美妝品

AMUSE漢南展示室

AMUSE Hannam Showroom

2022年7月開幕。店內由「展示空間」、「純素空間」和「試用空間」構成，可於適合拍照的空間中實際試用產品。

MAP 附錄P.18 E-4 漢南洞

所 龍山區梨泰院路55 ga街49 3F 交 地鐵6號線631漢江鎮站1號出口步行7分 ☎02-796-2527 營 11:00～20:00 休 無休

一定能找到想要的美妝品

蘭芝 水酷修護保濕霜

易於吸收的凝膠質地。42000W

雪花秀 滋陰水

韓國美妝界傳奇「雪花秀」的化妝水，可改善乾燥肌。68000W

可隨意試用感興趣的美妝品

AMORE聖水

아모레 성수

知名化妝品公司「愛茉莉太平洋」的體驗型展示店。可試用旗下品牌1500種以上的產品。

MAP 附錄P.4 E-3 聖水洞

所 城東區峨嵯山路11街7 交 地鐵2號線211聖水站2號出口步行3分 ☎02-469-8600 營 10:30～20:30 休 週一

可製作原創粉底

韓國人氣品牌蘭芝的旗艦店3樓，有個名為「BESPOKE NEO」MAP附錄P.12 D-3的空間可以體驗膚色診斷，並可根據診斷結果製作適合自己肌膚的粉底（需預約）。

對肌膚溫和的自然派護膚品牌

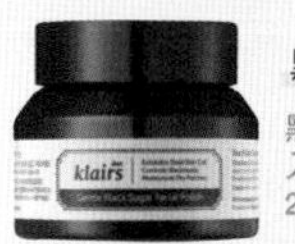

黑耀亮采黑糖面膜

黑糖的細小顆粒能深入毛孔潔淨髒污。22900w

活水植物精粹水滋潤款

溫和不刺激，累計銷售200萬瓶的人氣商品

對肌膚和動物都友善

Klairs

標榜純素、零殘忍（Cruelty Free）及零動物實驗。有眾多由皮膚專科研究所研發的低刺激美妝品。

MAP附錄P.24 B-3 林蔭大道

所 江南區論峴路153街44
交 地鐵3號線・新盆唐線337 D04新沙站8號出口步行9分
☎ 070-4366- 0856
營 12:30～21:00
休 無休

用獨特的美妝技巧彰顯女性的美

超持久光感裸膚氣墊粉餅

打造自然裸妝感。日常氣墊粉餅42000W

珍珠發酵煥顏亮膚保濕霜

從花菖蒲等花朵中提取的成分能帶來透明感。22000W

眾多受女性青睞的商品

鄭瑄茉Plops
Jung Saem Mool Plops

由曾為知名女演員化妝的彩妝師所創立的美妝品牌。店內有許多以線條、表面和立體感為考量而設計的優秀美妝品。

MAP附錄P.24 B-2 林蔭大道

所 江南區林蔭大道51-1 交 地鐵3號線・新盆唐線337 D04新沙站8號出口步行10分 ☎ 02-6713-5345
營 12:00～21:00 休 無休

只販售對肌膚有益的美妝品

仙人掌極萃保濕護膚水

含有仙人掌萃取，能為乾燥肌膚補水的高保濕化妝水。32000W

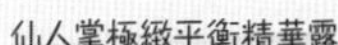

仙人掌極緻平衡精華露

塗抹後的隔天會使肌膚散發微微光澤，也會更容易上妝。43000W

享有盛譽的護膚產品

Huxley

品牌名稱是以說過「若信息太多，就無法辨別哪個是真實」的作家名字而命名。正如其由來，研發的美妝品都只含有對肌膚有益的成分。

MAP附錄P.19 A-3 合井

所 麻浦區山橋路30 1F 交 地鐵2號線238合井站3號出口步行10分
☎ 02-6925-2023
營 11:00～15:00、16:0020:00 休 週一

近年來，美妝品牌的旗艦店陸續於林蔭大道上開幕，是美妝愛好者的必訪區域。

商品種類繁多的複合式商店
簡直就像是美妝主題樂園

**美妝愛好者絕對不可錯過商品琳瑯滿目的複合式商店。
各式各樣的品牌和美妝品齊聚一堂，
可以邊比較邊享受購物樂趣。**

Huxley
極萃遮瑕氣墊粉餅
38000W 1

hince
煥然如新
十色眼影盤
39000W 2

3  Klairs
鮮能維C亮膚精華
21900W

與肌膚
完美融合的
啞光質地

CHICOR
有哪些商品？

- ☑ 眾多未登陸台灣的美妝品牌
- ☑ 網路限定商品也有販售
- ☑ 許多人氣自然派品牌

4 gesgep
GG Bare Cream
38000W

3CE
單色腮紅
18000W 5

Laka
果然持久水光唇釉
15000W 6

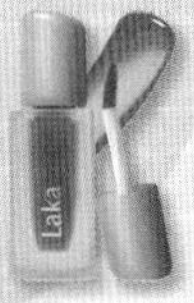

全部20種
豐富色號！

7 onoma
HYDRAbuster
保濕鎖水精華
42000W

CHICOR
面膜
各27000W 8

由新世界百貨打造

CHICOR 江南站店

網羅各種美妝品牌的複合式商店。集結許多市場少見的美妝，例如未登陸台灣的美妝品及網路限定商品等。種類豐富到連美妝達人也會感到滿足，非常值得一訪。

MAP 附錄P.21 C-4 江南

住 瑞草區江南大路441 瑞山大樓1F 交 地鐵9號線・新盆唐線925 D06新論峴站7號出口步行3分 ☎02-3495-7600 營10:30～22:00 休 無休

1 含有護膚成分，能為肌膚補充水分
2 搭配10種顏色的眼影盤，共有6種色系可選。
3 油狀質地，含高濃度維他命C
4 低刺激的保濕乳霜，早晚都可使用
5 顯色度佳，呈現自然的紅潤感
6 能長時間維持潤澤感
7 共有鎮靜、美白等6種精華，每種效果都不一樣，可根據自己的膚況選擇適合的類型
8 划算的面膜10入組，服貼度佳且香氣宜人

購買前要確認使用期限

美妝品如同生鮮品，購入時一定要確認製造日期等標示。有時短效期商品會擺放在一起。（例）202411까지＝至2024年11月，12M＝開封後可使用12個月

超人氣商品。很適合當伴手禮

1 Mediheal 茶樹面膜 1片2000W

2 Wellage 膠囊&安瓶 5900W

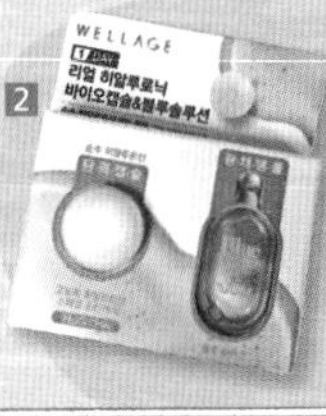

3 CLIO 氣墊粉餅 34000W

OLIVE YOUNG 有哪些商品？

- ☑眾多皮膚科醫師研發的護膚產品
- ☑美容節目介紹的商品
- ☑營養補充品、化妝工具也有販售

4 rom&nd 多色眼影盤 30000W

5 COSNORI 睫毛美容液 16000W

6 too cool for school 修容粉 16000W

7 green tangerine 精華液 28000W

8 原創粉撲&海綿 5000W

顯著提升妝容服貼度的粉撲

1 Mediheal的種類很多，建議根據自身膚況挑選
2 含高濃度玻尿酸，能打造Q彈水嫩肌
3 用過一次就會愛不釋手，遮瑕力超強！
4 啞光質地眼影和閃亮珠光粉的組合
5 能讓睫毛變長而成為話題的單品
6 能打造立體輪廓的修容粉
7 日韓最暢銷商品，有助於淡化斑點和改善暗沉
8 能增加粉底與肌膚的貼合度

超人氣的優質藥妝店

OLIVE YOUNG

首爾各區皆有分店的藥妝店。主要以護膚類美妝為主，販售許多高機能商品以及營養補充品和食品，是個適合購買伴手禮的地方。

MAP 附錄P.12 E-2 明洞

所 中區明洞街53 交 地鐵2號線202乙支路入口站5・6號出口步行5分
☎ 02-736-5290 營 10:00～22:30 休 無休

若在有標示「TAX FREE」的商店內，1天消費滿30000W以上，就能享有退還增值稅（Tax Refund）。

待上一整天也不無聊 出發前往什麼都有的大型商場

集結服飾、雜貨、美妝等人氣商店的大型商場，是個能讓人待上好幾個小時並充滿誘惑的購物場所。可於室內購物，是下雨天的絕佳去處。

集結首爾人氣商店

在開放式挑空設計的店內優雅享受購物的樂趣

THE現代首爾

The Hyundai Seoul

於2021年2月開幕的首爾最大型百貨公司。除了5樓的庭園（Sounds Forest），店內還有約一半的空間規劃為綠化和休息區，讓來訪的人都能在此放鬆身心。

MAP 附錄P.5 A-3 汝矣島

所 永登浦區汝矣大路108 交 地鐵5・9號線526 915 汝矣島站3號出口地下直通步行10分 ☎02-767-2233 營 10:30～20:00（週五～日至～20:30）休 每月1次（不定期）

市民的新休憩場所誕生

名人名村

該品牌販售守護韓國傳統飲食文化的名人所製作的食品。除了傳統的高級食品，也有價格容易入手的商品

海苔天婦羅13000W（左）、藥膳鍋巴6000W（右）

美食廣場

地下1樓為設有超市和多樣化餐車的美食廣場

FAULT BURGER

逛街之餘，到狎鷗亭洞的人氣漢堡店「FAULT BURGER」休息一下

POP UP SHOP

地下2樓有深受MZ世代歡迎的商店，以及舉辦展覽的POP UP Zone

江南站地下購物中心

超大型的江南站地下購物中心MAP附錄P.21 C-4也有許多時尚商店，當地的OL們都會聚集於此。若想要體驗更道地的氛圍，來這裡準沒錯。

知名景點 圖書館超美

商場內的星空圖書館以接近天花板高度的巨大書架而聞名

到熱門商店購物

8seconds是韓國人氣品牌。有各種價格實惠的流行服飾

人氣選物店「ALAND」。集結了韓國內外的時尚小物

被譽為韓國版Sephora，新世界百貨旗下的美妝店「CHICOR」

Starfield Coex Mall

MAP 附錄P.20 E-3 三成洞

約有300間店鋪的大型購物商場。除了常見的商店，也有初登陸韓國的品牌。

所 江南區永東大路513 交 地鐵2號線219 三成站5·6號出口直通 ☎ 02-6002-5300 營 10:30～22:00（視店鋪、設施而異） 休 無休（視店鋪而異）

匯集許多平價商品

探索流行時尚

Goto Mall

MAP 附錄P.21 A-3 瑞草

全長880公尺的空間裡擁有600多家店鋪的巨大地下街。服飾、雜貨等種類豐富，價格非常便宜！週末人潮擁擠，建議早點前往。

所 瑞草區新盤浦路200 B1F 交 地鐵3·7·9號線 339 734 923 高速巴士客運站直通 ☎ 02-535-8182 營 10:00～22:00（視店鋪而異） 休 不定休

Common Ground

MAP 附錄P.4 E-3 建大

為世界最大規模的貨櫃屋購物商場。由200個貨櫃組成的內部設有70間左右的店鋪。

所 廣津區峨嵯山路200 交 地鐵2·7號線 212 727 建大入口站6號出口步行3分 ☎ 02-467-2747 營 11:00～22:00（視店鋪而異） 休 無休

Starfield Coex Mall的占地非常廣，建議縮小逛街的目標範圍。

能買到喜愛偶像的周邊推活商店介紹

在最愛的偶像們所居住的韓國，
不僅遍布了販售偶像官方周邊的商店，還有他們常訪的咖啡廳。
到偶像的聖地購買周邊給予應援吧！

推薦給HYBE所屬藝人的粉絲

官方周邊商店開幕

SPACE OF BTS

SHOPPING

BTS的官方周邊商店。除了販售以「DNA」等人氣歌曲為主題的商品，也有釜山演唱會「Yet To Come」的周邊。

MAP 附錄P.16 B-4　明洞

所 中區退溪路77 11F 交 地鐵4號線會賢站7號出口直通 營 10:30～20:00 休 無休

掛軸$37。附掛繩，可裝飾於喜歡的地方

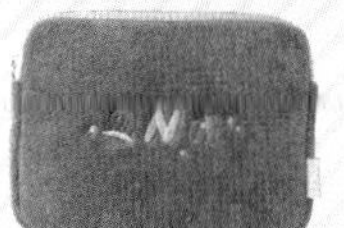

「DNA」小包$10。僅手掌大小，可帶著參加演唱會

「Boy With Luv」的T恤$35。設計感十足，很適合日常穿著

2022年中秋節發售的迷你折疊相片

SHOPPING

與LINE合作！BTS21商品

LINE FRIENDS L7弘大店

LINE與BTS攜手打造的卡通角色——BTS21商品。新商品不斷推出，身為ARMY的人千萬不要錯過。

MAP 附錄P.19 A-2　弘大

所 麻浦區楊花路141 B1～2F 交 地鐵2號線・京義中央線 239 K314 弘大入口站1號出口步行3分
☎ 02-322-9631
營 12:30～20:30
休 無休

容量475毫升的隨行杯35000W。杯蓋部分附有手提把，方便隨身攜帶

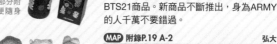

絨毛娃娃各17000W。只有手掌大小，即使全部收集也不會占空間

中文OK的唱片行

位於Nature Republic 3樓的Music Korea商品齊全，很適合台灣人前往選購。除了專輯，還有韓劇原聲帶、DVD等，店內也有會講中文的員工。附錄P.12 E-4

推薦給SM所屬藝人的粉絲

SHOPPING

好想收集所有成員

展現SM娛樂的世界觀

KWANGYA@首爾

由SM娛樂經營的官方周邊商店。所屬歌手的生日周邊等也有販售，還會舉辦出道紀念活動等。

MAP 附錄P.4 D-3　首爾林

所 城東區往十里路83-21 B1F 交 地鐵水仁盆唐線K211首爾林站5號出口即到 ☎ 02-6233-6729 營 10:30～20:00 休 無休

1 NCT DREAM「Candy」的透明文件夾各6000W　2 周邊發售日和藝人生日當天的人潮都很多，要多加留意

GOURMET

SM打造的中式餐廳

SMT CHINAROOM清潭

混凝土造的時尚餐廳。可以品嘗到曾於首爾新羅酒店工作過的主廚所烹製的正宗中式料理。午間全餐38000W～。

MAP 附錄P.20 E-2　清潭洞

所 江南區狎鷗亭路79街58
交 地鐵7號線729清潭站13號出口步行12分
☎ 02-515-9203 營 11:30～15:00、17:30～22:00 休 無休

推薦給JYP所屬藝人的粉絲

販售超出經紀公司管理範圍的官方周邊

WITHMUU 龍山I' PARK Mall店

위드뮤 용산아이파크몰점

SHOPPING

店內除了JYP官方周邊，還有販售各種人氣K-POP明星的商品。從手燈、CD到早期周邊等珍稀品都有!?

所有成員的折疊明信片10000W。TWICE 4TH WORLD TOUR' III' 周邊

附錄P.5 B-3　龍山

所 龍山區漢江大路23街55 6F 交 地鐵1號線・京義中央線135 K110龍山站1號出口直通 ☎ 02-2012-2525 營 10:30～20:30 休 無休

推薦給YG所屬藝人的粉絲

SHOPPING & CAFE

經紀公司對面的YG直營商店

the SameE

더세임

位於經紀公司對面的直營咖啡廳&周邊商店。會舉辦活動和展覽，為粉絲與歌手建立聯繫橋梁。

MAP 附錄P.5 A-3　合井

所 麻浦區喜雨亭路1街6-3 B1～2F 交 地鐵2・6號線238 622合井站8號出口步行7分 ☎ 070-4193-1004（商店）
營 10:00～21:00 休 無休

1 B1是官方周邊商店，從服飾到應援商品通通有　2 第2張全專輯《BORN PINK》的撲克牌25000W

較容易遇到演藝人員的區域為狎鷗亭洞～清潭洞。該區不僅遍布多間藝能經紀公司，很多演藝人員也都居住於附近。

韓國必買伴手禮 超市通通有

**韓國通常會將Supermarket稱為Mart。
超市內的商品種類齊全，有各種價格實惠的經典伴手禮。
將店內的每個角落都逛遍，挑選適合當伴手禮的食品吧！**

零食

介紹回購率高的超經典商品，別忘了也要幫自己選個小點心♪

甜中帶辣的酥脆口感，讓人一吃就上癮！

辣炒年糕餅乾

以辣炒年糕為構思，類似可樂果口感的甜辣零嘴。2380W

Bibigo脆片

推薦購入原味。口感酥脆，和啤酒很搭！2480W

Orion小魚蛋糕

鯽魚形狀的可愛蛋糕。內含紅豆餡，很適合配茶。4320W

Lotte 麻糬巧克力

加入杏仁粒的巧克力包覆著巧克力餡和麻糬。5500W

OREO麥片

在愛吃OREO的韓國人中廣為流行，韓國限定麥片。680W

韓國海苔

男女老少都喜歡的經典伴手禮，方便分送的小包裝也是一大特點。

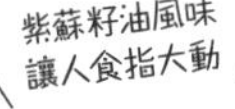

紫蘇籽油風味讓人食指大動

岩海苔（32袋入）

一包裡面多達32袋，價格卻經濟實惠，很適合大量購買。9500W

紫蘇籽油海苔

在為數眾多的韓國海苔中頗受歡迎，香氣十分濃郁。5480W

調味料

將重點放在台灣不常見的調味料，有了這個，就能重現道地的韓式風味。

藥醬

加入牛肉、菇類、蜂蜜等製成的韓式拌飯醬。3300W

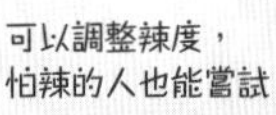

可以調整辣度，怕辣的人也能嘗試

Yondu（液體調味料）

只需將豆芽菜、小黃瓜等食材與醬汁拌一拌，就能輕鬆完成韓式涼拌菜。5500W

 以上為取材時的商品價格及包裝，可能會有所異動。

追求高級感的人可以選擇精緻伴手禮

若想購買最優質的伴手禮，可以前往Galleria百貨 ➡ P.107樓下的高級超市Gourmet494。G標誌的標籤及貼紙是對產地和製作手法講究的證明。

泡麵

只需加熱或倒入熱水就能輕鬆享受正宗的味道，無論誰收到都會很開心。

發售後，銷量瞬間突破100萬份

肉塊炒碼麵

料理研究家白鍾元的肉塊炒碼麵，來領略引發話題的味道吧！1900W

辣雞麵 奶油白醬風味

無激辣醬包的濃郁奶油白醬風味泡麵。990W

浣熊拉麵

僅次於辛拉麵的超經典泡麵。口感Q彈的粗麵條是主要特色 4500W～（5袋入）

真空殺菌袋包裝蔘雞湯

只需加熱就能品嘗到滋養補身的蔘雞湯。10800W

飲品

人氣咖啡、健康飲料等豐富種類，挑選方便帶回台灣的類型吧。

KANU拿鐵

象徵無糖咖啡先驅般存在的拿鐵，隨身包。3910W

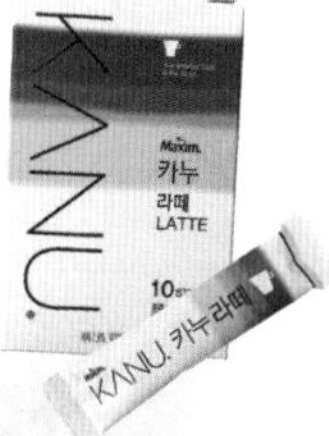

與檸檬茶有著不一樣的美味

葡萄柚蜂蜜紅茶隨身包款

清爽的柑橘風味。50小包入12500W

Soonhari 袋裝柚子燒酒方便攜帶！

夏天做成雪酪也很棒。1900W

推薦的超市3選

車站直通，交通便利

E Mart

設有電影院、餐廳的複合式大樓「I' PARKMall」內的超市。商品有附日文標示。

MAP 附錄P.5 B-3 龍山

所 龍山區漢江大路23街55 B1～B2F
交 地鐵1號線・京義中央線 135 K110 龍山站1號出口直通 ☎ 02-2012-1234
營 10:00～23:00 休 第2、4週日

大型超市特有的安心感

樂天百貨 首爾車站店 Lotte Mart

位於首爾站的大型超市。除了食品，也有日用品、化妝品等各種商品。可以使用EMS寄送。

MAP 附錄P.11 A-3 首爾站

所 中區青坡路426 交 地鐵1・4號線 133 426 首爾站2號出口即到
☎ 02-390-2500 營 10:00～24:00（EMS櫃檯至～18:00） 休 第2、4個週日

眾多台灣人喜愛的商品

哈莫尼超市 Harmony Mart

店內有會說中文的員工，安心感十足。購買50000W以上可配送至鄰近酒店（5公里以上需另外收費）。

MAP 附錄P.12 E-4 明洞

所 中區明洞10街58 信一大樓別館B1
交 地鐵4號線 424 明洞站8號出口即到
☎ 02-752-2269 營 8:00～24:00 休 無休

近年來，各超市的PB（自有品牌）商品品質也不容小覷。

可愛商品集結♡ 首爾個性派雜貨

首爾有許多爆擊少女心的可愛雜貨。
無論是做工細膩的美麗傳統款式，還是時髦的現代雜貨都很有魅力。
光看就覺得好興奮呢！

傳統雜貨

傳統刺繡、雕金等，各種具韓國特色的手工製品。

② 名片收納盒。鮮豔的韓服短上衣布料與木頭質感十分動人 80000W

③ 精緻的燭臺。很適合當室內裝飾 18萬W

③ 手工座鐘。錶盤上有小鳥、貓咪等各種不同形狀，非常可愛 40萬W

從雜貨到家具，韓國傳統手工藝品大放異彩 ②

舒心的雅緻設計

② 用韓紙製成的杯墊，上方有精緻的刺繡 各30000W

① 帶有花卉等傳統圖樣的口金錢包。配色柔和好看 25000W～

① 可掛在脖子上的相機袋。鳥和花為吉祥圖案 28000W 35000W

以刺繡呈現傳統圖樣

國際刺繡院
국제자수원

匯集眾多繡有傳統圖樣的雜貨。有自己的工作室，從設計到製作全包辦。仁寺洞有2間店鋪，總店提供刺繡教學體驗課程。

MAP 附錄P.14 B-2 仁寺洞

所 鍾路區仁寺洞街41 交 地鐵3號線328安國站6號出口步行10分
☎02-723-0830 營 10:00～20:00 休 無休

感受木頭溫度的傳統工藝

Jonginamoo Gallery
종이나무 갤러리

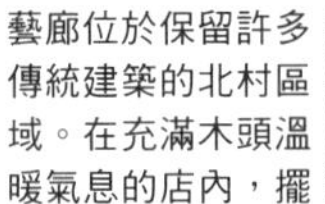

藝廊位於保留許多傳統建築的北村區域。在充滿木頭溫暖氣息的店內，擺放著用韓紙製成的雜貨和家具，每樣商品都廣受好評。

MAP 附錄P.15 C-2 三清洞

所 鍾路區北村路12街20-7 交 地鐵3號線328安國站2號出口步行5分
☎02-766-3397 營 10:00～18:00 休 週日

時髦的金屬工藝品店

阿園工房
아원공방

由青銅藝術家老闆所經營的金屬工藝品店兼藝廊。店內陳列著融合韓國傳統文化與現代元素的飾品和裝飾品。

MAP 附錄P.15 B-3 三清洞

所 鍾路區北村路5ga街3 交 地鐵3號線328安國站1號出口步行10分
☎02-735-3482 營 10:00～19:00 休 週一

台灣人熟知的那間店也要去逛逛！

韓國的大創也是韓國雜貨的寶庫。店內有各種韓文圖樣的雜貨，非常適合當伴手禮送給朋友。也有販售220V轉接頭等物品，且價格相當便宜，建議可以安排第一天前往。

現代雜貨

介紹創作者自由發想出的獨特商品。

6 各2800W

寫有韓文的印章，很適合當伴手禮

尋找喜歡的商品吧！

可愛的原創角色絨毛娃娃也很推薦 4

4 8000W

原創角色Scrabbit的眼罩

4 9900W

家居品牌PRESH的香氛蠟燭

5 2000W

適合放入生日禮物的購物袋

5 2000W

4 3000W

「做得很棒」的印章

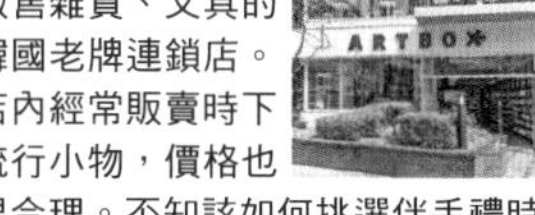

以動物和自然為主題的Dailylike信紙組。有2種不同的圖案

5 各2000W～

小蒼蘭（右）和芍藥（左）香味的護手霜

集結豐富多樣的商品

4 Butter

浴室用品、美容小物、織物等應有盡有。Milkcat、Scrabbit等原創角色的商品很受歡迎。

MAP 附錄P.9 C-4 鍾路

所 鍾路區清溪川路41 永豐文庫鍾路總店B1F 交 地鐵1號線131鐘閣站5·6號出口直通 ☎1522-2776 營 10:00～22:00 休 無休

滿滿韓國特色商品

5 Art box

販售雜貨、文具的韓國老牌連鎖店。店內經常販賣時下流行小物，價格也很合理。不知該如何挑選伴手禮時可以來這裡逛逛。

MAP 附錄P.24 B-3 林蔭大道

所 江南區島山大路139 交 地鐵3號線·新盆唐線337 D04新沙站8號出口步行4分 ☎02-549-6776 營 11:00～22:30

挑選有玩心的雜貨

6 10X10 Ten by Ten

文具、玩具、日用品等，來自國內外的特色商品琳瑯滿目。也有韓國人氣品牌「I think so」。

MAP 附錄P.17 B-2 大學路

所 鍾路區大學路12街31 交 地鐵4號線420惠化站1號出口步行5分 ☎02-741-9010 營 12:00～21:00（週五～日至～22:00）休 無休

傳統雜貨上看到的動物和植物圖樣都別具意義。例如，鴨子象徵幸福，蓮花象徵生命力，牡丹象徵繁榮。

打造韓系居家風格 到生活選物店逛逛

在咖啡廳見到的時尚餐盤、玻璃杯等韓國雜貨在台灣也很受歡迎。
韓國各處都有值得一逛的生活選物店，
何不試著尋找自己喜歡的物品，將房間打造成韓系風格呢？

店內陳列著眾多旅行風格商品

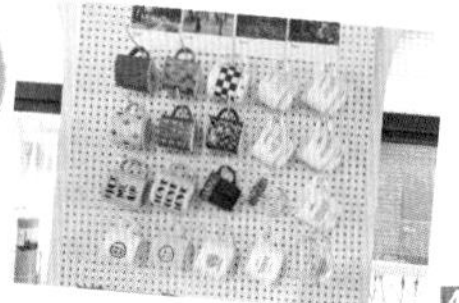

展示品也很時尚

也有韓國作家設計的產品
Artiwave

除了能感受旅行的視覺刺激和感性的原創產品，老闆還精心挑選了各種能在家中享受旅行樂趣的商品。從居家裝飾到廚房用品應有盡有。

MAP 附錄P.5 A-2　延南洞

所 麻浦區東橋路46街12 1.5F 101
交 地鐵2號線・京義中央線 239 K314 弘大入口站3號出口步行9分
☎ 02-332-2633 營 13:00～19:00 休 週三、四

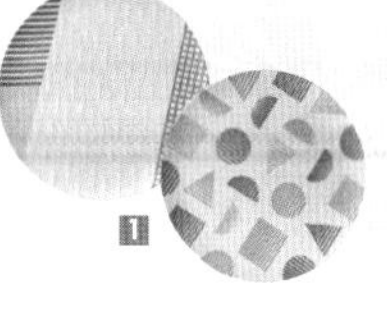

1 LA生活設計品牌POKETO的竹纖維餐盤18000W～
2 純手工製作，每個圖案都不同。12000W
3 Blue Terrazzo高腳玻璃杯21000W
4 形狀和手柄不同的馬克杯們

可以購買裝訂好的書籍和雜誌作為室內裝飾

款式豐富的環保購物袋
Ofr.首爾 Ofr. Séoul

來自法國巴黎的書店Ofr.在首爾開設的分店。1樓僅販售書籍、環保購物袋等Ofr.的商品，2樓的「Mirabelle」陳列著許多餐盤和時尚杯瓶。

MAP 附錄P.9 A-1　西村

所 鍾路區紫霞門路12街11-14　交 地鐵3號線 327 景福宮站3號出口步行7分 ☎ 02-722-9357
營 11:00～20:00 休 週一、每月最後一個週四

有多種顏色可以選擇真是太棒了

1 十分引人注目的手環44000W（右）、32000W（左） 2 法國製的Ofr.經典環保購物袋29000W 3 可放入筆電的人氣郵差包98000W 4 環保購物袋的種類豐富，從迷你到大容量尺寸都有

Depound Showroom合井店也很推薦

以網路起家而打開知名度的生活設計品牌。簡單好用的隨身小包、日常用環保購物袋等服飾、雜貨應有盡有。可以在裝潢精美的店內悠閒享受購物的樂趣。MAP 附錄P.5 A-3

1 白色×藍色的原創馬克杯24000W 2 托盤26000W，使用玻璃纖維製成 3 販售Tufting產品的AMONGTHEM的花盆72000W 4 銷售各種國外食品的「DELI」

也有販售香檳、葡萄酒等「LIQOUR」區域

琳瑯滿目的商品讓人逛得意猶未盡

集結唱片、園藝用品等眾多商品

尋找前衛伴手禮的首選

Nice Weather Market

以文化性消費為目的而打造的「新概念百貨公司」。除了食品，還有雜貨、服飾等豐富多元的商品。

MAP 附錄P.24 B-2　新沙洞

所 江南區江南大路162街35 交 地鐵3號線・新盆唐線337 D04 新沙站8號出口步行8分 ☎ 02-547-0073 營 11:00～21:00 休 無休

店內多為永續商品

Zerothings

提倡將「綠色消費」滲透至日常生活中。以零廢棄、永續性和生活風格為主題的商品具有精良的設計和功能性，使用的同時也能顧慮自然和環境。

MAP 附錄P.10 E-1　乙支路3街

所 中區水標路32-1 3F 交 地鐵2・3號線203 330 乙支路3街站11號出口步行4分 營 12:00～19:30 (週日至～18:00) 休 無休

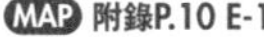

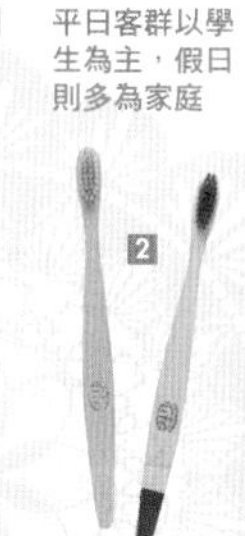

平日客群以學生為主，假日則多為家庭

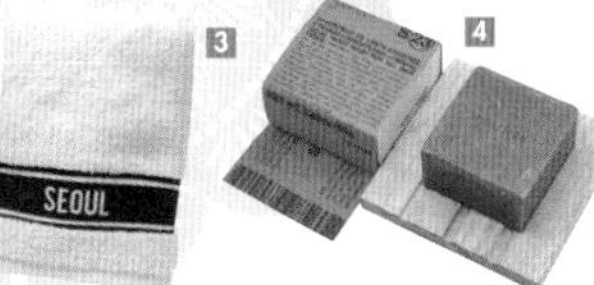

1 使用100%天然素材製成的橡膠手套、杯墊、麻線等 2 國產竹製牙刷2800W。塗有天然油 3 都市系列洗臉巾9000W。100%純棉，觸感柔軟舒適。除了首爾，也販售繡有巴黎、倫敦等都市名的毛巾 4 身體用肥皂11000W。含葡萄柚精油，可增加透明感

Nice Weather Market在「THE現代首爾」➡ P.74也有分店，不妨可以前往逛逛。

集結各種特色商品的時尚○○專賣店

近年來，販售各種時尚單品的專賣店廣受歡迎。提供獨特的服務和眾多高品質商品，是只有在專賣店才能享受到的購物體驗唷！

包裝襪子的盒子和貼紙都能挑選

購買襪子會免費附贈喜歡的紙盒、貼紙以及購物袋

襪子5000～18000W。設計簡約時尚

盒子有11種，貼紙約有60種，即使只買1雙也能選擇喔

服務優質的人氣襪子專賣店

MSMR

從外觀到內部，到處都很值得一拍的時尚襪子店。除了可愛的襪子，隨附紙盒和貼紙的服務也很受歡迎。

MAP 附錄P.18 F-4　　漢南洞

所 龍山區大使館路11街49 3F
交 地鐵6號線 629 漢江鎮站3號出口步行8分
☎ 070-8888-0321 營 11:00～19:30 休 週一

職人手工製作的刷子

店內陳列的刷子是由職人老闆手工製作

1 蜜粉刷、眼影刷等。價格範圍很廣，從5000W～25000W不等
2 可免費刻印姓名

價格合理的高品質化妝刷

Revoir

由長年從事刷子製作的老闆所經營的化妝刷專賣店。當場在購買的刷子上刻印姓名的服務也相當有人氣。

MAP 附錄P.19 A-3　　弘大

所 麻浦區臥牛山路91 交 地鐵2號線・京義中央線 239 K314 弘大入口站9號出口步行9分 ☎ 02-6372-0660 營 11:00～21:30 休 無休

嚴選「用心製作商品」的選物店

位於Zerothings大樓1樓的Mindthings MAP 附錄P.10 E-1也是很值得一逛的雜貨商店。店內以手工雜貨為主，擁有許多獨家販賣的商品。

各種時尚筆記本和便條紙

1老闆親手製作的原創筆記本整齊排列
2店內有多種筆記本、便條本、明信片等

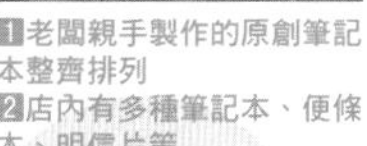

旅行筆記、現金簿等便條本各3900W

各式各樣時尚筆記本專賣店

ALLWRITE

以「記錄用文具」為概念，狹小的空間裡陳列著各種文具，其中又以筆記本和便條本為主。在充滿異國風情的店內享受選購的樂趣。

MAP 附錄P.9 A-2　鍾路

所 鍾路區紫霞門路5街41 交 地鐵3號線[327]景福宮站2號出口步行7分 ☎ 010-9223-3484 營 休 需於Instagram確認

時髦文具

原創iPhone手機殼。黑24000W、透明19000W

眾多以簡單原色為主基調的時髦文具

以鮮豔的原色為主設計的時尚明信片2500W～

韓國在地文具品牌

MMMG

由4位藝術大學的畢業生共同創立的品牌。簡約又獨具特色的精美設計，在國內外都享有盛譽。

MAP 附錄P.18 F-4　梨泰院

所 龍山區梨泰院路240 B2
交 地鐵6號線[631]漢江鎮站3號出口步行7分
☎ 02-549-1520 營 11:30～20:00 休 週一

MSMR、Soohyang等可客製化的商品很適合送禮，獨特感十足。

暢遊時尚大樓 前往東大門盡情購物

傳統批發市場與時尚大樓並存的東大門是個24小時的不夜城，吸引許多國內外買手和消費者前來購物。到東大門設計廣場＆公園來趟藝術巡遊也很有趣喔！

時尚大樓的始祖！

美利來 東大門店

밀리오레 동대문

各種小店櫛比鱗次，擺滿了成堆的商品，久負盛名的時尚大樓先驅。

Enjoy Point 眾多價格實惠的時尚單品，讓人燃起購物欲

MAP 附錄P.16 C-1

所 中區獎忠壇路263 交 地鐵2·4·5號線 205 422 536 東大門歷史文化公園站14號出口步行5分
☎ 02-3393-2802
營 通常為10:30～翌日4:30（視店鋪而異）
休 週一

16樓是常客熟知的美甲商場，習慣自己做美甲的人必訪

東大門的熱門景點

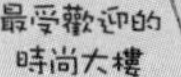

1 Doota Mall有空中庭園和美食廣場　2 東大門設計廣場＆公園的頂樓有片美麗的草皮　3 Maxtyle的北邊有一條鞋攤街

東大門的地標

東大門設計廣場＆公園 MAP 附錄P.16 C-2是東大門的象徵。是由藝術廳、東大門歷史文化公園等5大空間組成的藝術文化設施。

匯集各種高尚單品

Doota Mall

眾多設計精美的款式。雖然價格偏高，但優質商品和品牌應有盡有，是個方便購物的好地方。

MAP 附錄P.16 C-1

所 中區獎忠壇路275
交 地鐵1‧4號線 128 421 東大門站8號出口步行2分
☎ 02-3398-3333
營 10:30～24:00
休 無休

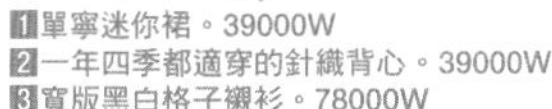

1 單寧迷你裙。39000W
2 一年四季都適穿的針織背心。39000W
3 寬版黑白格子襯衫。78000W

Enjoy Point
1樓以韓國設計師品牌為主，有許多獨特的商品

價格實惠的流行商品

Nyu Nyu

東大門的超人氣商店。從耳環、項鍊等飾品到服飾、時尚小物，價格都相當經濟實惠。

MAP 附錄P.6 E-3

所 中區馬場路34
交 地鐵2‧6號線 206 635 新堂站10號出口步行5分
☎ 02-2235-0921
營 11:00～翌日5:00 休 無休

1 經啞光處理的耳環6000W（左）、小巧卻吸引人目光的耳環13000W（右）
2 復古針織漁夫帽13000W
3 可為穿搭增添色彩的包包20500W

Enjoy Point
晚上10時以後店內會很擁擠，傍晚時人潮較少，可以慢慢挑選商品

爆買不再只是夢想 以便宜的價格購買鞋子！

Team204

地下1樓～2樓聚集許多鞋類批發商。可用批發價入手鞋款，開業以來人氣始終不減，也有販售包包和童裝的樓層。

MAP 附錄P.6 E-3

所 中區馬場路30 交 地鐵1‧4號線 128 421 東大門站8號出口步行5分
☎ 02-2232-3604、02-2232-1604（夜間） 營 20:10～翌日5:00 休 週五、六

1 一年四季都適穿的鮮豔帥氣豹紋懶人鞋
2 鞋子在地板上一字排開的熱鬧景象令人嘆為觀止。平底鞋的顏色種類也很豐富，猶豫的話不妨為自己添購不同色系

Enjoy Point
網羅時下流行的設計鞋款，若有適合的尺寸，有些店鋪也會提供零售

東大門設計廣場＆公園的前身為東大門運動場，當時的照明被當作藝術品保存下來。

到充滿活力的南大門市場走走

在豪華飯店用餐、遊逛最新商店當然很不錯，
但也別忘了到純樸的傳統市場逛一圈，看看首爾居民真實的生活面貌。
一起前往人潮熙來攘往的南大門市場走走吧！

食材、雜貨等
應有盡有的
首爾綜合市場

人、人、人……擁擠的午後。從獨特到可愛的商品通通有，能找到各種價格便宜的好物。不須事先做任何功課，想逛哪就逛哪。

市場一共有8個出入口，每個都設有編號，能立刻知道目前的所在位置

地下1樓和2樓販售現成的飾品和零件類，也有提供零售的店鋪

D棟

D棟的西區是食品傳統市場。各種辛香料、海苔、泡菜等應有盡有

店門口擺放的豬頭讓人驚訝！也會遇到平日不容易見到的景象

別名「大都商街」的D棟是伴手禮和雜貨的寶庫。1～3樓販售滿滿的傳統雜貨

南大門市場／남대문시장

已有600多年歷史的南大門市場，與東大門市場➡ P.86並列為首爾最大市場。數萬間店鋪鱗次櫛比，每棟樓和每條街都有同類型的商家。中午過後人潮特別多。

MAP 附錄P.11 C-2　南大門

交 地鐵4號線425會賢站出站即到 營 視店鋪而異，但通常為10:00～19:00
休 週日

還有其他特色市場

首爾遍布許多具特色的市場，例如韓藥材攤商、診所林立的藥令市場 MAP 附錄P.4 D-2和京東市場 MAP 附錄P.4 D-2等。前所未見的商品琳瑯滿目，能一窺韓國人的生活。

從南側的觀光服務處往北走，會看到各式各樣的食品伴手禮店

韓國名產高麗人蔘，以瓶裝、新鮮現賣等形式販售

連接北側的觀光服務處與南大門路的小巷就是小吃街，可於此享用熱騰騰的料理

排隊人潮絡繹不絕的韓式冬粉餡餅（中文菜單為蔬菜餡餅）攤販。1個1000W～

以童裝為主的批發大樓。蕾絲裙20000W，價格實惠，深受當地媽媽們歡迎

C棟、D棟的3樓有眾多廚房用品。種類豐富，光是隨意瀏覽也很有趣

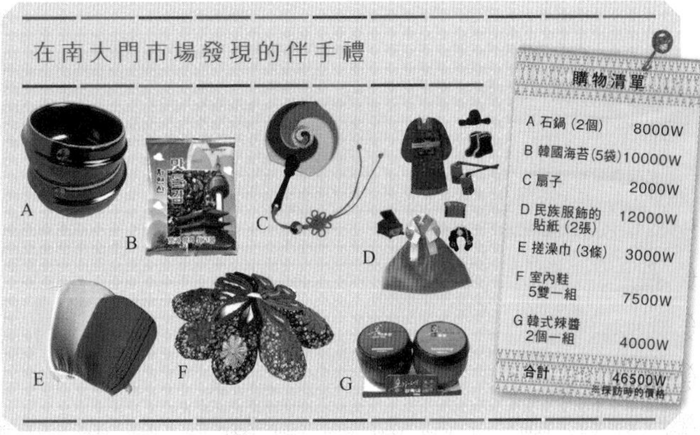

購物清單

A 石鍋（2個）	8000W
B 韓國海苔（5袋）	10000W
C 扇子	2000W
D 民族服飾的貼紙（2張）	12000W
E 搓澡巾（3條）	3000W
F 室內鞋 5雙一組	7500W
G 韓式辣醬 2個一組	4000W
合計	46500W

※採訪時的價格

若購物途中肚子餓，可到牛尾湯（꼬리곰탕）很受歡迎的銀浩食堂 ➡ P.47飽餐一頓。

想尋找憧憬的商品 推薦前往豪華免稅店

出國旅遊時，逛免稅店是不可錯過的行程。首爾市中心有幾間華麗感十足的免稅店，不妨趁這個機會入手憧憬許久的商品吧。

趕緊開始購物吧

寬敞又舒適～

免稅店是出國旅遊的必訪之處，外國遊客在此購入的商品能免除消費稅和進口稅。結帳時需出示護照和回程機票（電子機票則為購票證明），千萬別忘了攜帶！

A空間設計寬敞，高級品牌眾多
B化妝品和時尚小物也是琳瑯滿目

結帳

每間店都能用日圓、美金、韓圜等3種現金支付。每家信用卡都可使用，也能分期付款。在領到商品前，千萬不要將拿到的兌換券弄丟。

也有台灣未發售的商品

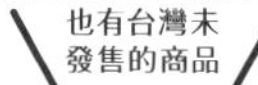

挑選喜歡的商品

各個免稅店都會定期或突然舉辦促銷活動，出發前可經常至各店官網查看，以更優惠的價格購買憧憬的品牌商品。

1 2 3 4

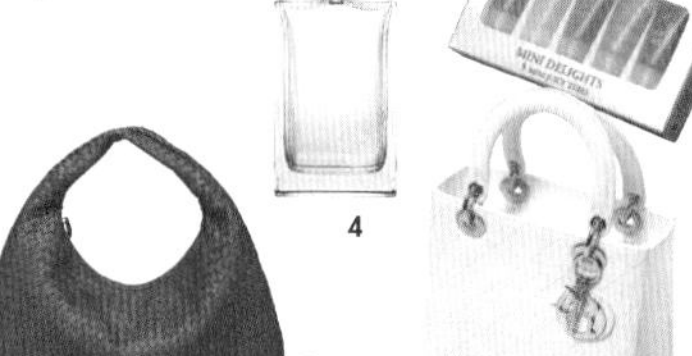

5 6

1散發迷人光澤的COACH斜背包
2Gucci經典GG印花紋肩背包
3蘭蔻迷你唇蜜
4Burberry Brit Sheer粉紅風格女性淡香水
5手感舒適的Bottega Veneta包包
6Dior的Lady Dior系列，配有可愛的標誌吊飾

到機場領取購買的商品

免稅品需於回國時通過韓國機場出境審查後，使用兌換券領取。

免稅店購物只能到回程班機起飛前5小時。詳細時間請至各免稅店的官網查詢。

機場也有免稅店

金浦國際機場和仁川國際機場都有樂天免稅店，可以採買到最後一刻。
金浦國際機場店：☎02-2669-6700
仁川國際機場店：☎032-743-7460

這次前往的地方

新羅免稅店
Tne Shilla Duty Free Shop

空間寬廣，品牌齊全

從地下1樓到3樓的寬敞店內，集結了500種以上的品牌。也有提供計程車資優惠和免費接駁巴士等服務。

MAP 附錄P.16 B-4　獎忠洞

所 中區東湖路249
交 地鐵3號線332東大入口站5號出口有接駁巴士
☎02-2639-6000
營 9:30～18:30 休 無休

下列為大家介紹其他的免稅店

樂天免稅店
Lotte Duty Free Shop

商品種類豐富且位置優越的老店

樂天百貨➡P.66的9～12樓。新商品進貨快速，經常有促銷活動。

MAP 附錄P.13 C-2　明洞

所 中區南大門路81 樂天百貨9～12F
交 地鐵2號線202乙支路入口站7·8號出口步行2分
☎02-1688-3070
營 9:30～18:30 休 無休

東和免稅店
Dongwha Duty Free Shop

常有吸引人的大特賣

位於光化門站附近，創業30年以上的老字號店鋪，會舉辦大特賣。

MAP 附錄P.9 B-4　光化門

所 鍾路區世宗大路149 光化門大樓2～4F
交 地鐵5號線533光化門站6號出口即到
☎02-399-3000
營 11:00～18:00 休 週日

新羅I' PARK免稅店
Shilla I'PARK Duty Free

車站直通的便利免稅店

位於龍山的免稅店。化妝品賣場是首爾最大型店，並鄰接百貨商場和電影院。

MAP 附錄P.5 B-3　龍山

所 龍山區漢江路23街55 PARK Mall 3～7F 交 地鐵1號線·京義中央線135 K110龍山站即到
☎1688-8800
營 10:00～18:30 休 無休

新世界免稅店
Shinsege Duty Free Shop

眾多備受喜愛的品牌！

位於新世界百貨總店新館8～12樓的免稅店。世界各地的美妝也很齊全。

MAP 附錄P.13 B-4　明洞

所 中區退溪路77 新世界百貨新館8～12樓 交 地鐵4號線425 會賢站7號出口直通
☎02-1661-8778
營 10:30～20:00（週五～日至20:30）
休 無休

BRAND INDEX

	新羅免稅店	樂天免稅店	東和免稅店	新世界免稅店	新羅I' PARK免稅店
Armani	△	△	○	×	×
Versace	○	×	△	×	△
Hermes	○	○	△	○	×
Cartier	○	○	×	○	×
Calvin Klein	△	△	△	△	×
Gucci	○	○	△	○	○
Dior	△	○	×	○	△
Coach	△	○	○	○	○
Chanel	○	○	×	○	○
Celine	○	○	×	○	×
Burberry	○	○	△	○	○
Ferragamo	△	○	△	○	○
Fendi	○	○	×	○	○
Prada	○	○	○	○	○
Bulgari	○	○	○	○	○
Loewe	△	○	×	×	△
Louis Vuitton	○	○	×	○	×

※○…有精品店 △…只有化妝品、服飾雜貨 ×…無

有「即時退稅制度」，部分店家可現場免稅，手續很簡單，記得多加利用喔。

全世界女人的煩惱都相同

韓國占卜

這次前往日本藝人IKKO也常去的Eros體驗占卜。平易近人的價格深受喜愛。

也作為咖啡廳對外營運

各種軟性飲品 5000W～10000W ※照片為搬遷前

體驗四柱八字

占卜師是

Jiang Suen先生

10幾歲開始學習占卜，擁有超過10年經驗的資深占卜師。

何謂四柱八字？

根據用天干地支表示出生年月日時（四柱）的八字，占卜一個人的命運和未來。也稱為四柱推命。

STEP 1

寫下姓名、出生年月日、出生時辰

若想算與戀人的契合度，也要寫下對方的出生年月日&出生時辰

先查一下出生時辰吧

STEP 2

透過出生年月日時推排出能揭示命運和未來的八字

也會寫下八字顯示的命運和未來

STEP 3

老師會根據推排出的八字進行詳細解說

有任何煩惱或想知道的事都能在此詢問老師，他會給予人生建議

2024年戀愛運會開始上升

咦—真的嗎!?

★順帶一提，編輯S的未來是……

2025～2026年會結婚，對方最好是有包容力、秋天或冬天出生的年長男性。

2024年開始工作運會越來越好。

需注意的地方……

胃部疾病

好開心啊♪

會小心的

說出內心的煩惱後，感覺獲得了安慰

大家也來試試看吧！

Eros ／에로스

以神準著稱的占卜咖啡廳。價格視年齡和占卜內容而異，綜合占卜為30000W。至少要點一杯飲品。

MAP 附錄P.19 A-2 弘大

所 麻浦區弘益路6街30 3～4F 交 地鐵2號線·京義中央線 239 K314 弘大入口站9號出口即到

☎ 02-363-1810 營 12:00～22:00 休 無休

其他推薦的占卜店

道通四柱咖啡廳 ／사주카페도통

由擁有近30年經驗的朴萬浩老師進行占卜的咖啡廳。價格為40000W。契合度占卜為70000W。

MAP 附錄P.12 D-4 明洞

所 中區明洞4街39 3F 交 地鐵4號線 424 明洞站6號出口步行4分 ☎ 02-776-4984

營 24小時 休 無休

也有可以簡單占卜的運勢扭蛋！

最近首爾很流行運勢扭蛋。仁寺洞、三清洞、觀光區等，各地都有財運、戀愛運等不同種類的扭蛋式占卜。寫有運勢的紙條只有韓文，建議可以使用App的圖片翻譯功能來查看。

運勢扭蛋 ／운세명당

所 仁寺洞、三清洞、北村等觀光地區 費 1000W左右

到必訪景點
悠閒漫步

從夜晚依然熱鬧不止的繁華街道，到保留著朝鮮王朝時代風情的古都，
首爾是一座擁有許多不同面貌的魅力城市。
無論是慢慢遊覽一個景點，
還是連續走訪多個景點都很不錯。
一旦規劃好要參觀的景點和想做的事，
就能盡情享受漫步時光。

總之
先去明洞逛逛吧

抵達首爾後，先安排前往明洞這個人氣的繁華街區吧！這裡什麼都有，每次來都會有新發現，無論是初次來訪還是常來首爾的人都不可錯過。

有點餓的話就來這裡～

經典的韓國熱鬧街區

1明洞中央路為此區的主街道 2隨處可見美妝店 3眾多平價美妝品牌，可前往挑選伴手禮 4明洞聖堂為韓國第一座哥德式建築，開放入內參觀 5粉紅飯店是明洞的地標 6明洞也能品嘗到小吃攤美食 7Lotte Young Plaza內的Style Nanda也能買到旗下美妝品牌3CE的商品 8時尚愛好者逛一整天也不會膩

大略地介紹一下明洞

為首爾最繁華的街區。主街道的明洞中央路上不僅有許多時尚專賣店和美妝店，還有多家小吃攤，可以享受邊走邊吃的樂趣。連飯店、SPA和餐廳也都設有據點，總之就是應有盡有。若稍微走遠一點，免稅店、百貨店、南大門市場也都在步行可及的範圍內。初訪首爾的人，建議可先從明洞開始逛起。

A Lotte Young Plaza

集結時下流行商店的大樓

以20～30歲女性為目標客群的商業大樓。人氣的時裝、美妝、雜貨等商店齊聚一堂。

地下1F～6F共有約100間店鋪進駐

MAP 附錄P.13 C-3

所 中區南大門路67
交 地鐵2號線 202 乙支路入口站7號出口步行3分
☎ 02-2118-5110 營 10:30～20:00 休 無休

整個繞上一圈——180分

建議出遊的時段

出明洞站後的路線指引

一走出明洞站6號出口就是這個街區的主街道。從乙支路入口站也能抵達，但將明洞站設為起點較佳。

明洞聖堂地下樓層的複合式設施

明洞聖堂是明洞的地標，其地下一樓是名為「1898明洞聖堂」MAP 附錄P.12 F-2的複合式設施。除了書店、咖啡廳等，也有商店販售以明洞聖堂為主題的原創商品。

B A LAND

愛購者的天堂

匯集最新潮流單品的選物店。集結500個以上的品牌，從個性派到可愛風都有，一定能在此找到喜歡的風格。

MAP 附錄P.12 E-4

所 中區明洞8街40，1～4F 交 地鐵4號線 424 明洞站6號出口步行4分

☎ 02-3210-5900 營 11:00～23:00 休 無休

印有店鋪標誌「Å」的漁夫帽

曾一度歇業，2022年搬遷後再次開業

C Style Nanda Pink Hotel

可愛復古的人氣商店

以飯店為概念的5層樓店鋪，自開幕以來就大受歡迎。除了原創美妝「3CE」，還有琳瑯滿目的個性風服飾和雜貨。

MAP 附錄P.12 E-4

所 中區明洞8街37-8 交 地鐵4號線 424 明洞站6號出口步行3分

☎ 02-752-4546 營 11:00～22:00 休 無休

每層樓都有不同的主題。每一區都是會讓女生心動的配色

炭烤長壽排骨19000W。很適合搭配白飯1000W

D 長壽烤排骨本家

장수갈비집

讓人上癮的炭香風味

提供牛肋肉、烤牛肉、排骨湯、湯飯四種餐點，很適合獨自用餐。中午想吃肉時的首選。

MAP 附錄P.12 D-4

所 中區明洞2街54-1 交 地鐵4號線 424 明洞站5號出口步行3分 ☎ 02-775-9292

營 11:00～21:30（LO20:40） 休 無休

E 雪冰

설빙

廣受歡迎的招牌黃豆粉雪冰

源自於釜山的雪冰店，如雨後春筍般遍布韓國各城市。招牌是添加黃豆粉的刨冰，冰的口感如雪花般綿密，讓人忍不住一口接一口。除了黃豆粉雪冰，還有其他豐富的種類。黃豆粉吐司也很推薦。

MAP 附錄P.12 D-2

所 中區明洞3街27，2～3F 交 地鐵2號線 202 乙支路入口站6號出口步行3分

☎ 02-774-7994

營 10:30～23:00（LO22:30） 休 無休

分量十足的提拉米蘇雪冰

觀光客眾多的明洞有許多會講外語的店員，大部分的美妝店都有會講中文的店員。

人氣商店一應俱全
遊逛時尚的弘大商圈

名為弘益大學的藝術大學位於此區，因此被稱為弘大。對潮流敏感的年輕人都會聚集於此，有許多獨具特色的商店，能買到各種潮流單品，是必逛的購物聖地。

1弘大最熱鬧的街道，俗稱「步行街」
2發現可愛的飾品
3以便宜的價格購入流行單品

大略地介紹一下弘大

因名為弘益大學的藝術大學位於此區域而被稱為弘大。充滿藝術氣息的街道有許多特色咖啡廳和餐廳。

以電商起家並於日本設店

A Mushinsa Standard

網路時尚商店「Mushinsa」推出的自家品牌，因物美價廉而廣受歡迎。

MAP 附錄P.19 A-2

所 麻浦區楊花路144
交 地鐵2號線・京義中央線 239 K314 弘大入口站9號出口即到 ☎ 02-325-0550
營 11:00～21:00
休 無休

1剪裁好看又好穿的西裝褲43900W
2眾多韓國風潮流服飾和時尚單品

聯名商品琳瑯滿目

B Object

集結新進設計師的商品和原創小物。地下1樓的POP UP SHOP每2個月會更換一次內容。

MAP 附錄P.19 C-2

所 麻浦區臥牛山路35街13 交 地鐵2號線・京義中央線 239 K314 弘大入口站6號出口步行5分 ☎ 02-3144-7738
營 12:00～21:00 休 無休

1流行的大理石花紋馬克杯19000W
2Graphtec Studio的ZERO PER ZERO 1000W（上）和插圖可愛又溫暖的LIMPA LIMPA 5500W紙膠帶（下）

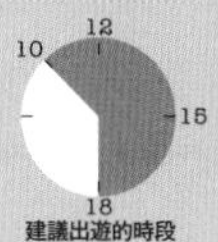

整個繞上一圈——180分

出弘大入口站或上水站後的路線指引

從弘大入口站的9號出口或上水站的1號出口出站最適合。除了主街道，漫步小巷也是一種樂趣。

想買雜貨就去Butter

Butter是一間平價的人氣大型雜貨店。由時裝龍頭衣戀集團所經營，以「FUN」為理念，店內有眾多文具和家居用品。

MAP 附錄P.19 A-2

偶像常穿的運動服很受歡迎

Nerdy

以嶄新配色的運動服而聞名的韓國品牌，也因許多演藝人員都有穿著而成為話題。3層樓的店內隨處都是拍照景點。

MAP 附錄P.19 A-3

所 麻浦區和諧廣場路94-12，1～3F
交 地鐵2號線・京義中央線 239 K314 弘大入口站9號出口步行6分
☎ 02-2135-5471
營 11:00～21:00（週五、六至～22:00）
休 無休

1 因歌手IU穿過而爆紅的紫色運動服
2 2樓的主題是「NERDY少年的房間」，在這裡狂拍照吧

日本人時常回訪光顧

Style Nanda

擁有獨特設計風格的韓國原創&選物店。弘大店的店內空間寬敞，逛起來很舒適。

MAP 附錄P.19 B-2

所 麻浦區臥牛山路29 Da街23
交 地鐵2號線·京義中央線 239 K314 弘大入口站8號出口步行10分
☎ 02-333-9215
營 11:00～22:00
休 無休

衣領有可愛皺褶設計的薰衣草色上衣38000W

夏季必備單品，草帽35000W，十分涼爽的設計

正面的蝴蝶結是主要特色，黃色連身裙65000W

順道前往粉紅咖啡廳

以池畔為設計意象

Style Nanda Pink Pool Cafe

MAP 附錄P.19 B-2

☎ 070-7663-6909
營 12:00～16:00、17:00～19:00
休 無休

藝術大學周邊的弘大街道充滿著藝術氣息，無論是購物還是散步閒逛都很有趣。

逐漸成為引領潮流區域的梨泰院～漢南洞充滿樂趣

這幾年梨泰院周邊誕生了各種新風潮，
不僅風格獨特的商店林立，特色專賣店也持續增加中。
充滿快速發展區域特有的力量。

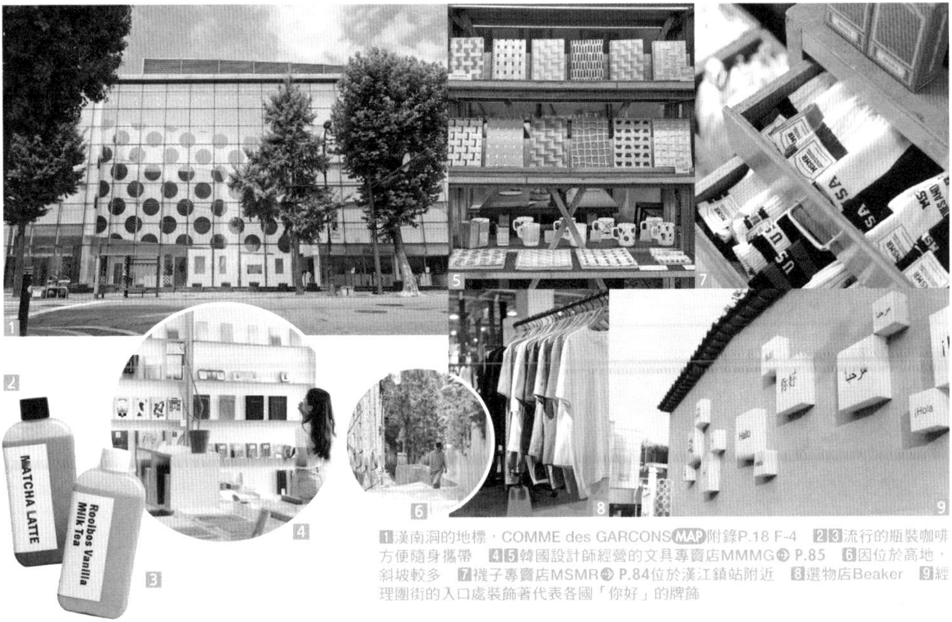

1漢南洞的地標，COMME des GARCONS MAP附錄P.18 F-4　23流行的瓶裝咖啡方便隨身攜帶　45韓國設計師經營的文具專賣店MMMG ➜ P.85　6因位於高地，斜坡較多　7襪子專賣店MSMR ➜ P.84位於漢江鎮站附近　8選物店Beaker　9經理團街的入口處裝飾著代表各國「你好」的牌飾

大略地介紹一下梨泰院

梨泰院的東側是時尚精緻商店眾多的漢南洞。三星美術館Leeum等藝術景點也不少。另外，位於車站北側的經理團區域，林立著許多保留懷舊氛圍的獨特商店。最近也因為演藝人員經常到訪而成為熱門話題。

A DOWNTOWNER

時尚漢堡店

是現在首爾最受歡迎的速食店。因時尚的店內裝潢和美味的漢堡而深受在地人＆觀光客歡迎。假日都一定得排隊。

內餡夾入起司、番茄的100%純牛肉酪梨漢堡10800W

MAP 附錄P.18 F-4

所 龍山區大使館路5街12 交 地鐵6號線631 漢江鎮站3號出口步行8分
☎ 070-8806-3696 營 11:30～21:30 (LO20:30) 休 無休

整個繞上一圈 180分

12 / 10 / 15 / 18
建議出遊的時段

出梨泰院站後的路線指引
梨泰院站前的梨泰院路是主要街道。從車站往東北方向步行10分左右就會抵達漢江鎮站，其南側的大使館路一帶即為漢南洞。

梨泰院夜生活推薦
該處有許多能眺望南山和N首爾塔➔ P.124的屋頂及豪華氛圍的酒吧，是個深受成人喜愛的夜間景點。

B La FERME

品嘗健康午餐

位於主街道旁一條安靜小巷內的餐廳。以有機食材為主的健康午餐很受歡迎，自製的排毒奶昔也很推薦。

MAP 附錄P.18 F-4
所 龍山區大使館路11街49 交 地鐵6號線631漢江鎮站3號出口步行6分
☎ 02-790-6685
營 11:30～14:50（LO 13:50）、17:00～22:00（LO21:00、週日至20:30） 休 無休

古斯米雞肉26000W、雞肉藜麥沙拉18500W（左圖）等豐富的健康料理

C BEAKER

集結各式潮流的選物店

如同漢南洞地標般存在的選物店，匯集主要販售時尚新品的人氣品牌。1樓同時設有咖啡廳。

MAP 附錄P.18 F-4
所 龍山區梨泰院路241 交 地鐵6號線631漢江鎮站1號出口步行7分 ☎ 070-4118-5218
營 11:00～20:00 休 無休

肯定能讓你找到喜歡的時尚單品

E Gourmet494

伴手禮也很受歡迎的高級百貨地下街

位於漢南洞住宅區的高級超市。G標誌的標籤及貼紙是對產地和製作手法講究的證明。

MAP 附錄P.18 F-4
所 龍山區漢南大路91 交 地鐵6號線631漢江鎮站3號出口步行8分
☎ 02-6905-4940 營 10:30～20:00 ※視店鋪而異 休 第2、4週日

以沉穩為包裝設計主調的韓國海苔8000W，充滿高級感，很適合送給上司或長輩

D Margelle de Puits

也有販售法式風格時裝

以實用又可愛的韓國藝術家作品為中心。購買商品時拿到的明信片是用原創照片製成。

MAP 附錄P.18 F-4
所 龍山區梨泰院54街72 交 地鐵6號線631 漢江鎮站3號出口步行8分 ☎ 02-797-0339 營 12:00～20:00 休 週一

16900W。清爽的水果香

鬱金香形狀的動態雕塑40000W

梨泰院也有可以品嚐精釀啤酒的酒館，不妨嘗試一下韓國產的啤酒吧。

到古色古香的仁寺洞享受懷舊之旅

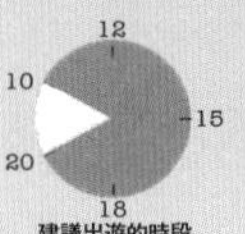

整個繞上一圈 120分

建議出遊的時段

出安國站後的路線指引

從安國站6號出口步行1分左右即可抵達仁寺洞街。從鐘閣站11號出口或鐘路3街站5號出口步行3分左右也能到達。

仁寺洞是個充滿古老韓國風情的街區。一邊欣賞街道兩旁的傳統雜貨店，一邊喝著傳統茶小憩片刻。晚上就到民俗酒館小酌放鬆，體驗韓國的傳統文化吧！

1除了主街道，也別忘了走進小巷子逛逛 2韓國傳統假面舞所使用的面具 3擺放至店門口的傳統雜貨 4主街道的仁寺洞街 5森吉街到處都有可愛的壁畫 6許多人穿著租借的韓服散步，似乎很享受拍照的樂趣 7施以刺繡的絲巾。仁寺洞有不少傳統雜貨專賣店

光是逛逛就令人雀躍不已

可愛復古的雜貨琳瑯滿目～

大略地介紹一下仁寺洞

主街道仁寺洞街的兩旁林立著從朝鮮王朝時代延續下來的傳統雜貨商店。近年來，現代建築持續興建中，販售新式傳統雜貨的商店和藝廊鱗次櫛比，形成一個新舊共存的區域。散步之餘，不妨前往傳統茶屋品嘗柚子茶、五味子茶等飲品，享受一段療癒時光。

A 森吉街

쌈지길

集結傳統工藝品的人氣景點

仁寺洞地標性複合式設施。地下1樓至地上4樓的建築物中，設有販售傳統工藝品的商店、餐廳等。

圍繞中庭的迴廊式建築。頂樓也有休憩空間

MAP 附錄P.14 B-2

所 鍾路區仁寺洞街44 交 地鐵3號線328安國站6號出口步行5分
☎ 02-736-0088 營 10:30～20:30（視店鋪而異）休 無休

小鳥的招牌是標誌

北仁寺觀光服務處

MAP 附錄P.14 A-1

☎ 02-734-0222

開 9:30～18:00 (6～10月至～19:00)

休 無休

能提供協助的場所！

屋頂上放置了大米袋

南仁寺觀光服務處

MAP 附錄P.14 C-4

☎ 02-737-7885

開 10:00～18:00 (6～9月至～19:00)

休 無休

「三・一運動」發起之地

從鐘閣站面向仁寺洞街入口處的右手邊有個塔谷公園 MAP 附錄P.14 C-4。那裡是1919年「三・一運動」的發起之地，目的是為了脫離日本統治。

B 鉢盂供養

발우공양

使用天然及當令食材製成的料理

由韓國佛教文化事業團經營的素食料理專賣店。同時滿足視覺與味覺的料理曾榮獲米其林指南推薦。

MAP 附錄P.14 A-2

所 鍾路區郵征局路56 寺廟寄宿綜合資訊中心5F 交 地鐵3號線 328 安國站6號出口步行5分 ☎ 02-733-2081 營 11:30～21:30 (LO20:00) 休 週日

素食料理全餐為30000W～。菜單會根據季節而有所變化

C 安寧仁寺洞

안녕인사동

約有80間店鋪的複合式商場

從韓國傳統工藝品到最新的流行時裝店應有盡有的大型商場。地下1樓設有名為「仁寺中央博物館」的展示館，5樓以上則為飯店。

MAP 附錄P.14 A-2

所 鍾路區仁寺洞街49 交 地鐵3號線 328 安國站6號出口步行3分 ☎ 02-6954-2910 營 10:00～22:00 ※視店鋪而異 休 無休

位於1樓的人氣飾品店「時空間」，店內也有販售鞋子和包包

可以訂製飾品的銀樹（eunnamn）也有進駐

D 阿拉里奧美術館in Space

아라리오뮤지엄 인 스페이스

建築物本身就是藝術！

因曾為韓劇《紳士的品格》的拍攝地而聞名的美術館。館內陳列許多金昌一館長收藏的當代藝術品。

MAP 附錄P.8 E-2

所 鍾路區栗谷路83 交 地鐵3號線 328 安國站3號出口步行3分 ☎ 02-736-5700 營 10:00～19:00※入館時間至閉館前1小時 休 週一 費 15000W

由知名建築公司「空間」的辦公大樓改建而成的美術館

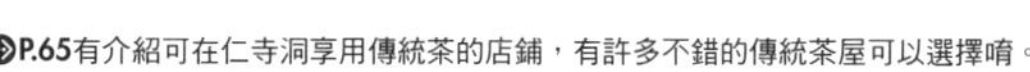

➡P.65有介紹可在仁寺洞享用傳統茶的店鋪，有許多不錯的傳統茶屋可以選擇唷。

充滿浪漫氛圍的街道 漫步三清洞&北村

**傳統韓屋與現代風格商店交織在一起的街區，
越往裡面走越有新的發現。
何不在寧靜優雅的街道上享受悠閒漫步的時光呢？**

1景福宮東側是種著美麗路樹且路面用石板鋪成的三清路
23小巷內有時尚雜貨商店和精品店，許多店鋪的陳列方式都很有品味
45三清洞的主街道。遍布由韓屋改造而成的現代風格咖啡廳和餐廳
6國際藝廊的屋頂藝術裝置
7韓屋林立的北村，有很多如畫般的景點
8占地約12萬6000坪大的壯麗景福宮

大略地介紹一下 三清洞&北村

沿著景福宮東側向北延伸的三清路是主街道。藝廊、韓屋改造的咖啡廳、時尚餐廳和商店遍布在種有美麗路樹的街道兩旁。越往北走，街道越安靜優雅，再往東就是韓國傳統家屋林立的北村地區。

A 首爾第二好吃的店
서울서둘째로잘하는집

享用招牌紅豆粥小憩片刻

當地人氣紅豆粥名店。店內僅販售紅豆粥、3種傳統茶和甜米釀。總是座無虛席，可見其受歡迎程度。

MAP 附錄P.15 B-1　三清洞

所 鍾路區三清路122-1 交 地鐵3號線328安國站1號出口搭計程車7分 ☎ 02-734-5302 營 11:00～20:30 休 無休

加入栗子和年糕的紅豆粥8000W

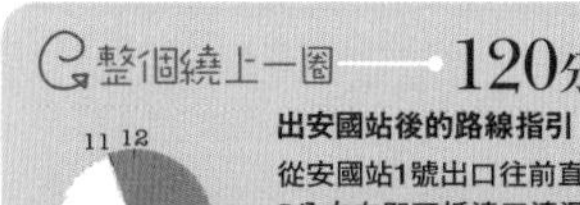

出安國站後的路線指引
從安國站1號出口往前直走5分左右即可抵達三清洞。由於道路位於景福宮東側，因此不用擔心會迷路。

關於前總統官邸「青瓦臺」
總統府於2022年5月遷移至龍山後，作為「舊總統府」開放給一般民眾參觀。現場僅開放1天2000個名額（需出示護照），並按先後順序進入參觀，建議中午前抵達，以免額滿無法入內。開放時間為9時～18時。

雪木軒 C
A 首爾第二好吃的店
詳細圖◯附錄P.15
三清路7街
D 北村韓屋村
北村路
步行5分
三清路
景福宮 P.110
這裡是主街道。遍布時尚的商店和藝廊。
E 東琳繩結工房
國際藝廊
B 國立現代美術館 首爾館
P.127 樂古齋 H
北村路5街
最近很熱門的街區。咖啡廳眾多，新舊建築完美融合。
錦湖美術館
現代藝廊
安國 328
地鐵3號線
栗谷路
景福宮站
N

B 國立現代美術館 首爾館
국립현대미술관

緊鄰景福宮的綜合美術館
位於景福宮東門正門的美術館。館內同時設有藝術作品、電影院、多媒體廳等多種文化設施。週末18時以後入場免費。

MAP 附錄P.15 A-3 三清洞

所 鍾路區三清路30 交 地鐵3號線327景福宮站4號出口步行6分 ☎ 02-3701-9500 營 10:00～18:00（週三、六至～21:00）※售票至閉館前1小時 休 無休 費 2000W

除了視覺藝術，還有各種極具魅力的藝術作品

繪有超現實插畫的可愛書籤，感覺能讓閱讀變得更加有趣

年糕排骨12000W（前）。泡菜冷麵也很推薦

C 雪木軒
눈나무집

演藝人員也會到訪的年糕排骨名店
以搗碎牛肋肉搭配年糕的年糕排骨而聞名的餐廳，因使用老闆的祕傳配方，吃過一次就難以忘懷。

MAP 附錄P.7 C-1 三清洞

所 鍾路區三清路136-1 交 地鐵3號線328安國站1號出口搭計程車10分 ☎ 02-739-6742 營 11:00～21:00 休 無休

D 北村韓屋村
북촌한옥마을

保留朝鮮時代面貌的街道
約有600年歷史的傳統家屋聚集地，這一帶約有860棟房屋，其中也有可以體驗傳統工藝的體驗館。

感受王朝時代的氛圍與充滿情感的街景

MAP 附錄P.15 B-2 北村

所 鍾路區北村路11街 交 地鐵3號線328安國站2號出口步行12分 ☎ 02-2148-4161 營 自由進出(部分區域為10:00～17:00) 休 無休(部分區域週日休)

E 東琳繩結工房
동림매듭박물관

傳遞工藝品魅力的工房
陳列韓服胸前配飾的繩結工房。展覽室內展示著線、繩、首飾等珍貴作品，伴手禮種類也相當豐富。

可事先預約體驗繩結製作，費用為10000W～

MAP 附錄P.15 C-2 北村

所 鍾路區北村路12街10 交 地鐵3號線328安國站2號出口步行12分 ☎ 02-3673-2778 營 10:00～18:00 休 週一 費 免費

關於三清洞的地名由來，據說是因為該區山清、水清、來此地的人內心也會變得清新而得名。

店鋪林立的街區 到林蔭大道漫遊購物

林蔭道兩旁林立著高敏銳度的選物店，
是首爾首屈一指的時尚街區。
可與對潮流敏感的首爾女孩們一同享受購物的樂趣。

一起照張相吧！

1 顏色會隨著季節變化的銀杏林蔭道兩旁有許多商店　2 走在路上的行人也很時尚　3 發現小豬雕像　4 在首爾最新潮的商店盡情購物　5 很適合選購一般伴手禮的雜貨商店　6 販售自然風雜貨的Dailylike　7 從小型街邊店到大型複合式設施均在此設點

大略地介紹一下林蔭大道

從首爾站搭地鐵到最近的新沙站約25分。有許多販售流行平價時裝的商店，以及注重細節的咖啡廳和餐廳。近年來美妝店不斷增加，正逐漸發展成美妝大街。林蔭大道的巷弄（俗稱Serosu街）也是必逛之處。

A Café Kitsune

適合當作購物後的休憩場所！

Maison Kitsune因與3CE等知名品牌合作而聞名，其咖啡廳於2018年開幕時掀起一波話題。旁邊的服飾店也千萬別錯過。

MAP 附錄P.24 B-3

所 江南區林蔭大道23 交 地鐵3號線·新盆唐線337 D04 新沙站8號出口步行7分 ☎ 02-540-5559
營 11:00～20:00 休 無休

咖啡拿鐵6000W。狐狸形狀的原味餅乾3500W

出新沙站後的路線指引

林蔭大道位於新沙站8號出口附近。車站西側有許多獨具特色的時尚居酒屋，順道前往小酌一杯也不錯。

時尚街道內的巷弄也別錯過！

新冠疫情爆發之後的林蔭大道發生了巨大變化，但這裡仍集結韓國最時尚的商店和餐廳。除了主街道，巷弄內也有許多人氣商店，建議可以順道前往逛逛。

B Dailylike

匯集各種時髦單品

在網路大受歡迎的生活風格品牌線下商店。充滿自然＆成熟氛圍的雜貨都很平價可愛！

MAP 附錄P.24 A-2

所 江南區狎鷗亭路4街27-8
交 地鐵3號線・新盆唐線 337 D04 新沙站8號出口步行12分
☎ 070-8670-7062
營 11:00～20:00 休 無休

1 販售許多用了就能讓心情變好的廚房雜貨
2 繪有毛線針插畫的時尚馬克杯

C LAY BRICKS

能品嘗正宗的咖啡風味

磚瓦建造的時尚咖啡廳。講究的自家烘焙咖啡和自製甜點很受歡迎，沉穩的氛圍也充滿魅力。

MAP 附錄P.24 B-3

所 江南區論峴路153街46 交 地鐵3號線·新盆唐線 337 D04 新沙站8號出口步行10分
☎ 02-545-5513 營 11:00～23:00（週日為12:00～）
休 無休

咖啡5000W～是使用自家調配的綜合豆，外帶為4000W～

D ARKET
아르켓

亞洲初上陸的北歐品牌

時裝品牌H＆M旗下販售高質感商品的概念店，黑白外觀是主要特徵！

MAP 附錄P.24 B-3

所 江南區林蔭大道30 B1～3F
交 地鐵3號線·新盆唐線 337 D04 新沙站8號出口步行9分
☎ 02-3442-3935
營 11:00～20:00 休 無休

1 使用有機棉與再生棉製成的托特包13000W
2 價格比H＆M高

林蔭大道上集結了3CE、鄭瑄茉Plops、Klairs等人氣美妝店➡P.70～71。

高雅商店櫛比鱗次 前往狎鷗亭洞優雅漫步

狎鷗亭是首爾屈指可數的高級住宅區。以Galleria百貨為中心，高級品牌店和時尚商店林立，光是走在路上就能感受到優雅氛圍。

1 世界知名品牌店林立　2 到時尚優雅的咖啡廳小憩片刻　3 有許多陳列高雅的商店和演藝人員愛用的品牌　4 或許能在人氣商店遇到名人　5 走訪不同的店鋪，尋找讓人眼睛為之一亮的商品

從首爾站搭地鐵約20～30分。精品店和高質感商店林立，是個很適合購物的區域。該區也有不少美容沙龍、SPA、漢方診所等，專程來這裡護膚也是個不錯的選擇。經常有偶像劇到此拍攝，來趟聖地巡遊也很有趣。美味的餐廳雖然很多，但價格普遍偏高。

A Conte De Tulear

入口處為迎賓的紅磚拱門

經理團街的人氣店於2019年搬遷至此。由同名香水品牌打造的早午餐咖啡廳兼酒吧，店內坐滿對潮流很敏銳的首爾人。

MAP 附錄P.23 C-2

所 江南區島山大路49街39 交 地鐵水仁盆唐線 K212 狎鷗亭羅德奧站5號出口步行8分 ☎ 0507-1325-8490 營 11:00～17:00、18:00～24:00（週日為11:00～17:00、18:00～23:00）休 無休

1 夜晚點燈後，外觀更加時尚　2 檸檬鳳尾魚義大利麵21000W、鮭魚沾醬盤17500W

整個繞上一圈 180分

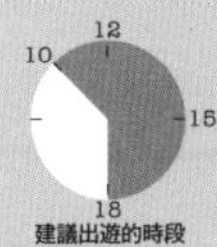

出狎鷗亭或狎鷗亭羅德奧站後的路線指引

從狎鷗亭站也能抵達，但商店和咖啡廳聚集的區域離狎鷗亭羅德奧站5．6號出口較近。

建議出遊的時段

能感受名流氛圍的Galleria百貨

若計畫前往狎鷗亭洞，也別忘了逛逛該區地標Galleria百貨 MAP 附錄P.22 D-1。名品館分為WEST和EAST，兩館僅相隔一條馬路，館內高級品牌店雲集。

B K現代美術館

K현대미술관

結合潮流與藝術的場域

以創新的展示吸引遊客的美術館。館內展出500多件作品，提供參觀者探索「不同尋常的視角」。

MAP 附錄P.22 D-2

所 江南區宣陵路807 交 地鐵水仁盆唐線 K212 狎鷗亭羅德奧站5號出口步行5分 ☎ 02-2138-0952 營 10:00～19:00※售票至18:00 休 週一

能悠閒欣賞藝術的空間很受歡迎

C Minute Papillon

必排隊等候的人氣店

平日和週末都大排長龍的咖啡廳。僅販售吉拿棒和飲品，沾醬有3種（另外收費）可以選擇。

MAP 附錄P.23 C-2

所 江南區島山大路51街37
交 地鐵水仁盆唐線 K212 狎鷗亭羅德奧站5號出口步行4分
☎ 無 營 10:00～21:30 休 無休

輕盈酥脆的吉拿棒沾取甜辣優格醬1800W一同享用

E Nudake Haus Dosan

Nudake首家旗艦店

供應從時尚＆藝術品中獲得靈感的甜點，店內裝潢也很講究。

MAP 附錄P.23 C-2

所 江南區狎鷗亭路46街50 Haus島山B1
交 地鐵水仁盆唐線 K212 狎鷗亭羅德奧站5號出口步行8分 ☎ 070-4128-2125
營 11:00～21:00 休 無休

FOG SMALL 15000W。內層為黑橄欖和起司奶油！

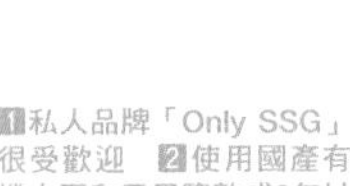

店內招牌的PEAK SMALL 23000W。切下加入墨魚汁的可頌麵包後，沾取抹茶奶油醬吃吧～

D SSG Food Market

各種食材應有盡有

位於名流住宅區的高級超市。集結有機食材、職人製作的傳統調味料等精選品。

MAP 附錄P.22 E-3

所 江南區島山大路442 B1F
交 地鐵7號線 729 清潭站8號出口步行12分 ☎ 02-6947-1200
營 10:00～22:00 休 第2、4個週日

經過1000日熟成的味噌12380W。僅使用國產食材，單用蔬菜包裹品嘗就很美味！

1 私人品牌「Only SSG」很受歡迎 2 使用國產有機大豆和天日鹽熟成3年以上的醇厚傳統醬油

羅德奧街是狎鷗亭洞最熱鬧的街道，兩旁林立許多高雅的店鋪。

傳承豐富的文化和歷史
世界遺產昌德宮&宗廟

參觀世界遺產也是國外旅遊的樂趣之一。
首爾市內有兩座世界遺產，
前往探訪歷久不衰的壯麗歷史遺跡吧！

仁政殿

舉行國王即位儀式、接見外國使臣的地方

錦川橋

韓國最古老的石橋。據說渡水就能驅除邪氣

宣政殿

如今僅存的青瓦建築。是國王處理政務的地方

大造殿

王妃的寢殿。室內一部分為西式風格並使用華麗的家具

芙蓉池

用傳統宇宙觀建造的池塘。宇合樓為保管書籍的地方

能感受宇宙能量!?

不老門

據說穿過此門就能長壽，祈禱國王長壽的門

整個繞上一圈 **90分**

出安國站後的路線指引

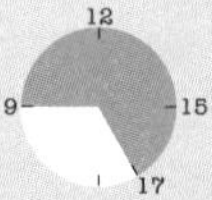

12 9 15 17

建議出遊的時段

走出地鐵3號線安國站3號出口，沿著街道直走約5分後，即可看到正門位於左手邊。

保留朝鮮王朝榮華的世界遺產

昌德宮

창덕궁

朝鮮王朝第3代太宗於1405年建立。雖然曾多次發生火災，但卻是用來處理政務最久的宮殿。因保存狀態良好、與自然完美融合，因而被列為世界遺產。

MAP 附錄P.8 E-1

鍾路

所 鍾路區栗谷路99 交 地鐵3號線328安國站3號出口步行5分 ☎ 02-3668-2300 開 9:00～18:00（視季節而異，入場至閉館前1小時）※後苑（祕苑）僅開放參加導覽的人入場（8000W）
休 週一 費 3000W

遊玩的建議

宮內分為自由參觀及需預約參觀（後苑）兩個區域。芙蓉池、不老門位於「後苑」區。中文導覽有兩種，分別是10：00開始，一趟約50分鐘的宮殿導覽（3000W），以及12：30開始，一趟約90分鐘的祕密後花園導覽（5000W）。若無提供中文導覽的日期，可改預約英文導覽。

朝鮮王朝是什麼樣的時代？

朝鮮半島最後一個王朝，自1392年起持續了約500年。以儒教治國是主要特徵，在這個時期誕生的白瓷對日本陶藝產生了很大的影響。

反覆和對稱
創造出的莊嚴美

宗廟
종묘

1394年李成桂將王朝遷都至漢陽時所建。歷代國王和王妃長眠的正殿和永寧殿廊柱象徵著王位的永恆。沒有華麗的裝飾，只配置必需品，營造出莊嚴神聖的空間。

望廟樓
祭祀時，國王休息或回顧先王時代的地方

恭愍王神堂
供奉著恭愍王和其王妃的肖像畫

齋宮
祭祀前日，國王齋戒沐浴和更衣的地方

令人動容的簡樸之美！

永寧殿
供奉著被追尊或施政不善的國王

功臣堂
祭祀著83座忠於國王的功臣牌位

正殿
供奉著德高望重的國王和王妃。水平的屋脊象徵著無限

MAP 附錄P.8 E-2 鍾路

所 鍾路區鍾路157 交 地鐵1·3·5號線 130 329 534 鍾路3街站11號出口步行5分
☎ 02-765-0195 開 9:00～18:00（11～1月至～17:30、6～8月至～18:30）※週六和最後一個週三可自由參觀。其他需按各語言的指定時間入場（中文為11:00、15:00。※可能會根據活動或季節而有所變動） 休 週二 費 1000W

整個繞上一圈——90分

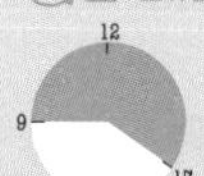

建議出遊的時段

出鍾路3街站後的路線指引

走出鍾路3街站11號出口並直行約80公尺後，左手邊會有一個公園，穿過那裡就能看到宗廟的入口。

遊玩的建議

從正門進入後，先前往望廊樓。觀覽完恭愍王神堂後，前往御肅室。到達主建築的正殿後，功臣堂等周邊建築也一起參觀。若走到最裡面的永寧殿還有剩餘的時間，與後門相連的昌慶宮➡P.111也可以順道走訪。

昌德宮和昌慶宮位在同一區域，宗廟則在對街，建議可以一同遊覽。

探訪古宮 懷念榮華時代

首爾除了被列為世界遺產的昌德宮和宗廟，還擁有許多珍貴的古宮。不妨一邊散步、一邊感受悠久的歷史。

勤政殿

舉行國家活動的正殿。值得一看的建築之美

朝鮮王朝首間豪華宮殿

景福宮

경복궁

1395年由李成桂建造的宏偉宮殿。宮殿的中心採左右對稱格局，其餘部分則未採對稱設計。王室的生活令人緬懷。

MAP 附錄P.9 B-1 三清洞

所 鍾路區社稷路161 交 地鐵3號線327景福宮站5號出口步行3分 ☎ 02-3700-3900
開 9:00～17:30（3～5月、9～10月至～18:00，6～8月至～18:30）※入場至閉場前1小時
休 週二（逢假日則翌日休）
費 3000W

東西文化合璧的建築

德壽宮

덕수궁

1470年由朝鮮王朝第九代的成宗所興建的王家私邸。宮內融合了西方和韓國文化，其中還有韓國首座文藝復興風格的石造殿。

MAP 附錄P.11 B-1 市廳

所 中區世宗大路99
交 地鐵1·2號線132 201市廳站1號出口步行2分
☎ 02-771-9951 開 9:00～21:00 入場時間為9:00～20:00，參觀時間為9:00～21:00 休 週一（逢假日則營業） 費 1000W

中和殿

舉行國王即位儀式等主要活動的正殿

整個繞一圈 60分

出市廳站後的路線指引

走出地鐵1．2號線市廳站1號出口並直行50公尺後，右手邊即為德壽宮正門的大漢門。

建議出遊的時段

遊玩的建議

首先通過德壽宮南邊美麗的石牆路到大漢門。從德弘殿眺望具獨特建築之美的靜觀軒後，前往主建築中和殿。參觀位居中和殿深處的噴水池周邊及日晷等。若還有體力，不妨連同德壽宮美術館也一起走訪。

德弘殿

作為外國使臣及高級官員的接見室使用

靜觀軒

高宗邀請外交官喝茶、聽音樂的地方

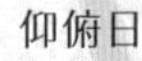

仰俯日晷

17世紀後半時期建造的日晷，能判斷時間和節氣

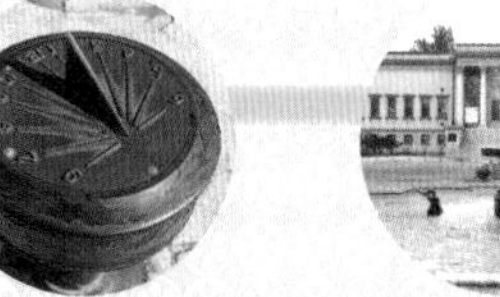

德壽宮美術館

石造文藝復興式建築，展覽也很值得一看

到國立民俗博物館了解韓國

位於景福宮內的國立民俗博物館MAP附錄P.9 C-1擁有數千件展示品，以淺顯易懂的方式介紹韓國傳統文化及歷史，讓遊客可以全方位地了解韓國。

令人驚豔的豪華建築

慶會樓

國王舉辦宴會的地方。坐落於方池之上

修正殿

世宗大王創造朝鮮文的地方

交泰殿

王妃的寢殿。後方有峨嵋山後苑

香遠亭

建於池塘中央人工島上的建築，是國王休憩的場所

整個繞上一圈 90分

出景福宮站後的路線指引

一走出地鐵3號線景福宮站5號出口就能看到景福宮，完全不用擔心會迷路。

建議出遊的時段 9 12 16

遊玩的建議

進入後立刻前往主建築勤政殿。欣賞完後方群山與建築物的完美融合及內部裝飾後，再往裡面走。遊覽修正殿、慶會樓、交泰殿等名勝建築，前往香遠亭。春夏的樹木非常美麗，景色更為壯觀。

保存朝鮮王朝時代樣貌的別宮

昌慶宮

창경궁

朝鮮王朝第4代世宗於1419年為退位的父親太宗建造的別宮，後由第9代成宗修建成現在的形式，並重新命名。日本殖民時期曾被貶為庭園，1983年開始修復工程，並以宮殿之姿回歸。

MAP 附錄P.8 F-1 鍾路

所 鍾路區昌慶宮路185 交 地鐵4號線420惠化站4號出口步行15分 ☎ 02-762-4868

開 9:00～21:00（入場至閉館前1小時）休 週一

費 1000W

走廊

走廊上整齊排列的鮮紅色柱子令人印象深刻

成宗胎室碑

放有成宗的臍帶和胎盤的胎室

感覺被療癒了

春塘池

原本是國王耕種的水田，在日本殖民時期改建成了池塘

植物園

韓國首座溫室，展示著韓國蘭花等植物

整個繞上一圈 60分

出安國站後的路線指引

走出安國站3號出口後直行，經過昌德宮前並穿過昌慶宮和宗廟間，在下一個十字路口左轉。

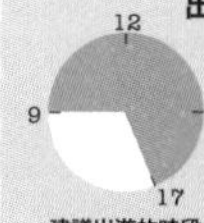

建議出遊的時段 9 12 17

明政殿

一般的宮殿都是朝南，這個正殿的特徵是朝東

遊玩的建議

穿過大門後，立刻前往主建築明政殿。觀覽明政殿的走廊後再往裡面走，有許多值得一看的區域，可以一邊散步一邊觀光。沿著斜坡走就會來到成宗胎室碑，再往前走就是春塘池。不妨邊欣賞樹木等自然景色、邊慢慢逛上一圈。

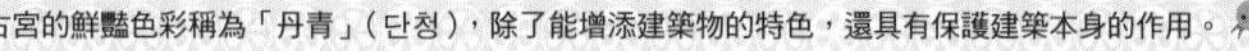

古宮的鮮豔色彩稱為「丹青」（단청），除了能增添建築物的特色，還具有保護建築本身的作用。

穿上傳統服飾更有氣氛

韓服散步

韓服是韓國的傳統服飾，
既然都來到了韓國，
何不穿著傳統服飾在街頭漫步呢？

1柔和色系的韓服及花冠頭飾是很受歡迎的搭配
2情侶穿著同色系的服裝也很有樂趣
3除了在街上漫步，也很推薦到訪古宮拍攝照片，感受濃厚的歷史氛圍

可以在這裡租借

交通方便的人氣店

別宮址韓服

별궁터한복

位於安國站附近的熱門韓服租借店。位置優越，雖然有時人潮偏多，但店員的服務態度都很好。

MAP 附錄P.15 B-4　仁寺洞

所 鍾路區尹潽善街10 別宮址庭院2F 17號 交 地鐵3號線328安國站1號出口即到 ☎02-730-7890 營 8:30～19:00（視季節而異）休 無休

Menu

2小時租借	20000～35000W
4小時租借	25000～40000W
24小時租借(至～19:00)	40000～70000W

服裝數量和CP值超群

只此一天

오늘하루

提供多種服裝選擇的韓服租借專門店。2019年夏天從仁寺洞搬遷至景福宮附近，並重新裝修。價格實惠，可輕鬆利用無負擔。

MAP 附錄P.9 B-2　景福宮

所 鍾路區紫霞門路2街16 2F
交 地鐵3號線327景福宮站4號出口步行2分 ☎02-730-8222
營 9:00～22:00 休 無休

Menu

4小時租借	15000～35000W（視服裝而異）
24小時租借	28000～40000W

從「只此一天」租借韓服

1 更換服裝

從各式各樣的款式中挑選服裝。店員會協助穿著，無須擔心

2 髮型設計

店員會幫忙設計髮型，可根據喜好選擇，而化妝要自己來

3 到街上漫步

選好包包等配件後就立刻出發，盡情享受韓國獨有的文化體驗

漫步享受首爾夜晚。美容、玩樂……

賞玩熱門景點，享受購物的樂趣，
盡情玩樂之後，不妨讓自己好好放鬆一下。
和韓妞一起在桑拿房和汗蒸幕排毒，
或到稍微高級的SPA美容肌膚都很不錯。
絢麗的首爾夜景也非常推薦唷！

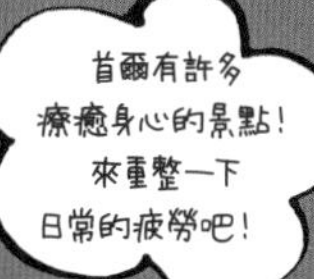

首爾有許多
療癒身心的景點！
來重整一下
日常的疲勞吧！

到桑拿房
體驗各種三溫暖

**桑拿房是韓國版的健康樂園，用平實的價格就能體驗。
偌大的建築物中有許多不同類型的三溫暖，
不妨可以比較一下效果，找出最喜歡的區域。**

何謂桑拿房?

찜질방

桑拿房以低溫三溫暖為主，可以享受到搓澡、汗蒸幕等所有韓國美容沙龍，是韓國版的健康樂園。進入時需穿著T恤和短褲，很多地方都能男女一起體驗。裡面也有補眠室、食堂等多種設施，待上一整天也沒問題。

利用方法介紹

桑拿房的占地都很廣，多是整棟樓或數層樓的範圍。換上館內服裝，在設施內探險吧。

利用方法非常簡單。趕緊來看看!

1 支付入場費

在櫃檯支付入場費(10000W左右)，領取館內服裝和毛巾。將鞋子放入專用的置物櫃後，前往更衣室。

2 到更衣室換衣

館內服裝基本上是T恤、短褲。小賣部和按摩需另外收費，記得隨身攜帶部分現金，其餘的放進置物櫃中。

3 在館內盡情享受吧

浴池或三溫暖、用餐、搓澡等各種設施都可以體驗一下。

桑拿房的設施介紹

浴池

有些地方的浴池有綠茶、竹炭等豐富種類，有些則是設置有3種不同的溫度。每間桑拿房都有冷湯、三溫暖和搓澡。

桑拿房的一次性備品

肥皂、化妝水和乳液幾乎都有提供，但不會有卸妝品、洗髮精＆潤髮乳，需自行攜帶或至小賣部購買。有些地方的吹風機需要支付使用費。

三溫暖

桑拿房以三溫暖為主。每個設施都設有各種不同效果/功能的三溫暖。中午前的三溫暖溫度都很高，需特別注意。

汗蒸幕한증막

透過燃燒松樹，將藥土和黃土搭建成的圓頂屋內部加熱至100度左右的超高溫三溫暖。

炭숯

具高效能遠紅外線，並能淨化空氣和釋放負離子。可促進血液循環，改善虛寒體質。

玉石
옥돌

玉石會釋放出遠紅外線，讓身體整個暖起來。產生的離子亦能有效緩解疲勞和神經痛。

鹽
소금

牆壁和地板都鋪滿了岩鹽，能抑制黴菌，使皮膚變得光滑，讓妝容更加服貼！

黃土
황토

具有殺菌效果，釋放出的遠紅外線能去除老廢物質，保持肌膚的彈性。

韓式毛巾捲法教學

以下為在韓劇中出現而爆紅的毛巾捲法，趕緊挑戰看看吧。

1 折成4分之1左右

2 從外側往內捲幾圈

3 打開戴上

娛樂設施

除了三溫暖，館內還有各種娛樂設施，待上一整天也不會膩。

PC室
피씨방

方便查看電子信箱或查詢資料。

餐廳
레스토랑

肚子餓時，可以到餐廳吃點東西。飯後不要馬上進入三溫暖。

美甲區
네일코너

在美甲沙龍體驗全套護理也很不錯。

補眠室
수면실

好入睡的空間，有些節儉的旅行者會選擇住在桑拿房。

浴池區內有鹽牙膏，很多人會在裡面刷牙，記得自行攜帶牙刷。

到桑拿房體驗各種三溫暖

圖例 ……女性專用 ……男女皆可使用

[推薦的桑拿房]

住在東大門附近的人必訪!

Sparex

位於東大門的Good Morning City內，購物完後可順道前往。雖然已開業10年左右，但店內乾淨整潔。有女性專用睡眠室，一個人也能安心休息。

MAP 附錄P.16 B-2 東大門

住 中區獎忠潭路247 B3F 交 地鐵2·4·5號線205 422 536 東大門歷史文化公園站14號出口即到 ☎02-2273-2777 營 24小時 休 無休

Price

・入場費…12000W（20:00～翌日5:00為15000W）

傳統韓屋風格的休息區

特色之處

汗蒸幕

有鹽火汗蒸幕、黃土石物汗蒸幕、黃土火汗蒸幕等3種，不妨3種都試試看

浴池

乾淨寬敞的浴室有數種不同溫度的浴池和三溫暖

休息區

沉穩的內部裝潢讓人想起古老而美好的韓國。一邊感受木頭的溫暖，一邊放鬆身心

桑拿房必嘗點心

在糯米中加入麥芽製成的甜米釀飲品和紅豆刨冰是必吃美食。甜米釀的味道如同帶香氣的糖水般，相當特別。也能品嘗到利用汗蒸幕的熱氣蒸烤出來的雞蛋。

廣受當地人喜愛的桑拿房

黃金SPA

황금스파

位於清溪川泳渡橋樓梯上方的設施。館內除了汗蒸幕等，也有兒童遊戲區。

MAP 附錄P.6 F-2 東大門

囲中區清溪川路400 B2F 図地鐵1、6號線127 636 東廟前站3號出口步行10分 ☎02-2231-8000 營24小時 休無休

Price
・入場費…11000W（5:00～20:00）、13000W（20:00～翌日5:00）

特色之處

金字塔風格的桑拿房

石窯汗蒸幕

位於女性專用房，是超高溫的三溫暖

韓屋風的休息室

1 黃金人面獅身像在門口迎接，裡面採挑高式設計，溫度略高 2 很多在地人都會前來光顧

＼雖然有點遠……／

距離首爾站50分！超人氣桑拿SPA

Aqua Field高陽

아쿠아필드 고양

位於首爾市旁的高陽市內，桑拿SPA「高陽Starfield」擁有8種不同主題的三溫暖。

MAP 附錄P.5 A-1 高陽市

囲高陽市德陽區高陽大路1955，高陽Starfield3～4F 図地鐵3號線318 三松站出口步行8分（從首爾站出發約50分鐘）☎031-5173-4500 營桑拿SPA10:00～22:00、Rooftop Pool室內10:00～19:00、室外11:00～18:00 休無休

Price
・桑拿SPA…23000W
・Water Park…45000W（8/16～）

特色之處

黃土三溫暖 4F

使用高敞郡南道黃土的黃土房。溫和的香氣和遠紅外線舒適宜人

堅炭三溫暖 4F

使用江原道木炭的三溫暖，會釋放大量負離子

Foot SPA 4F

欣賞北漢山景色的同時，泡足湯緩解疲勞

火窯三溫暖 4F

芳香水蒸氣和高溫可促進排汗並將老廢物質一併排出，也能促進血液循環

這裡還有

豪華優雅的空間

Spa Lei

內部裝潢時尚的人氣女性專用設施，也有餐廳和按摩店。地理位置優越，模特兒等公眾人物也經常到訪。

MAP 附錄P.24 A-3 新沙洞

囲瑞草區江南大路107街5 B2～3F 図地鐵3號線、新盆唐線337 D04新沙站5號出口步行5分 ☎02-545-4002 營24小時 休無休

Price
・入場費…19000W ・艾草汗蒸…70000W

汗蒸幕 B2

非電熱，而是燃燒松樹和橡子的傳統汗蒸幕

寬敞舒適的浴池，3樓則設有露天浴池

浴池 B1

按摩和搓澡等服務大多採預約制，入館時建議確認並事先預約。

透過汗蒸幕和搓澡美體護膚

在首爾眾多的美容設施中，
最方便且排毒效果最佳的就是汗蒸幕。
讓毒素隨著汗水一同大量排出，打造美麗的肌膚。

何謂汗蒸幕？

한증막

汗蒸幕約有600年的歷史，具有促進血液循環、激活新陳代謝及排毒的效果。披上亞麻布間接感受熱氣，利用遠紅外線排出大量的汗水。中間必須休息並適時補充水分。

每間店會有所差異，但進入時需穿著睡衣般的服裝，並將亞麻布覆蓋在頭上

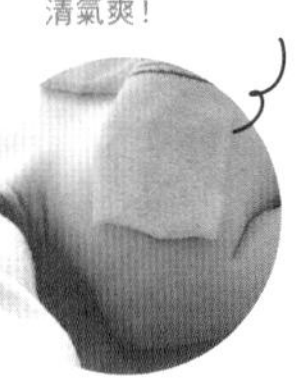

在汗蒸幕之後體驗全身搓澡，讓人感覺神清氣爽！

體驗汗蒸幕

適合台灣人的汗蒸幕設施中，基本療程約為8～10萬W，所需時間為1小時30分～2小時。內容雖然都差不多，但有些地方會提供泥漿美容等不同的服務。大略地記一下整個流程吧。

先將內衣褲脫掉，換上寬鬆的衣服
店內的阿珠媽(韓國大嬸)
我來指引

1 進入汗蒸幕排毒

利用燃燒松樹產生熱氣的圓頂形三溫暖就是汗蒸幕。裡面的溫度高達100℃左右，進入時需用亞麻布覆蓋肌膚和頭髮進行保護。透過洗浴去除汗水後很舒爽。

流了好多汗
好熱好熱
汗流不止

輕柔蓬鬆
好舒服……
全身都
暖了起來～

2 挑戰搓澡

身體的前後都會搓洗。觸感粗糙，會搓出很多污垢。一開始很痛，習慣後就會感到通體舒暢。

阿珠媽都會穿著內衣褲
搓洗搓洗
好粗糙！

3 精油按摩&小黃瓜面膜

也有艾草汗蒸、除汗毛等各種服務

舒服到
不小心睡著
按揉按揉
肌膚不斷吸收營養

覆蓋滿滿

用精油進行全身按摩，能滋潤搓澡後變得敏感的肌膚。臉部會使用小黃瓜面膜舒緩。

4 洗髮作結尾

最後是洗髮&潤絲。在按摩頭皮的同時會一邊搓洗，無須再花時間自己洗頭。

搓洗搓洗
光滑細緻
像是剝掉一層皮，感覺身心舒暢！
透亮發光

搓澡必見穿著內衣褲的阿珠媽

搓澡的阿珠媽們都會穿著黑色的輕薄內衣褲，初次嘗試的人可能會嚇到。不要害羞，好好享受吧。

這裡可以體驗

圖例  …女性專用 …男女皆可使用

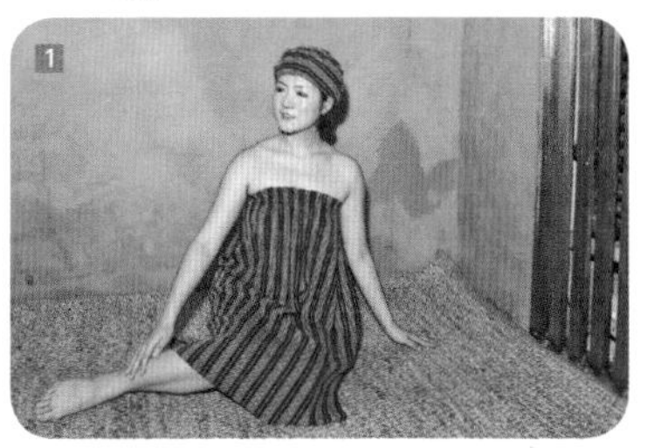

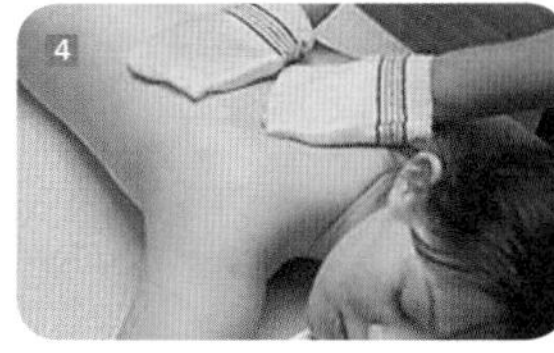

1在汗蒸幕等三溫暖要穿著專用服裝 2透過全身泥漿美容讓肌膚變光滑 3腳底按摩30分鐘40000W。也有腳底去角質10分鐘20000W 4搓澡讓全身舒暢！

女性專用好安心！

明洞Hana Mud汗蒸幕

명동하나머드한증막

位於乙支路3街站附近的女性專用汗蒸幕設施。除了汗蒸幕及搓澡，還能體驗富含礦物質的泥漿（Mud）美容、臉部護理、全身按摩等韓國美容沙龍。

Price

❖ 基本療程(汗蒸幕+三溫暖+浴池+搓澡+小黃瓜)另外還有其他2種……90分鐘80000W→70000W

MAP 附錄P.10 E-1 乙支路

所 中區乙支路3街295-4 B1F 交 地下鐵2·3號線203 330乙支路3街站10號出口即到 ☎ 02-2268-5510 營 9:00～22:00（最後入店）休 無休

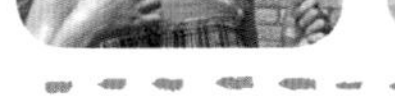

屈指可數的道地汗蒸幕

仁寺洞汗蒸幕

인사동한증막

遵循韓國傳統方式的少數道地汗蒸幕。在由石頭和黃土搭建而成的圓頂屋內燃燒優質松樹來產生熱量。透過遠紅外線讓體內的老廢物質排放出來。

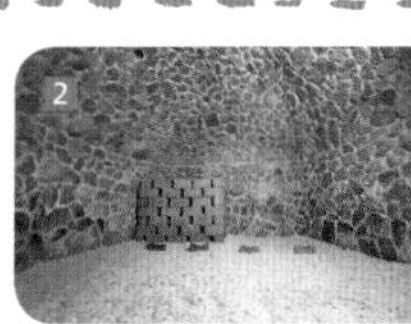

Price

❖ 搓澡療程（包含小黃瓜面膜、搓澡、保濕護理、洗髮）……70000W

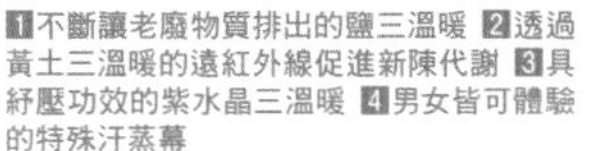

1不斷讓老廢物質排出的鹽三溫暖 2透過黃土三溫暖的遠紅外線促進新陳代謝 3具紓壓功效的紫水晶三溫暖 4男女皆可體驗的特殊汗蒸幕

MAP 附錄P.8 E-2 鍾路

所 鍾路區栗谷路6街36 B1F 交 地鐵3號線328安國站4號出口步行5分 ☎ 010-7414-8025 營 5:00～21:00（週五、六至22:00）休 無休

若基本療程的價格超過預算，也可以只付10000W左右的入場費使用汗蒸幕和浴池喔。

重整自己，趕走日常疲勞 前往頂級SPA療癒身心

偶爾獎勵一下每天努力的自己。
在舒適的空間和美療師的高超技術之下，
讓身體沉浸在幸福的時光中吧！

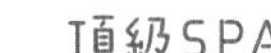

2021年遷移至新大樓

香蒲麗SPA
SHANGPREE SPA

自1990年創業以來，一直受到韓國美容通支持的SPA・美容沙龍。只有經過3年以上培訓並獲得認可的美容師才能進行療程，無庸置疑的高超技術是魅力所在

MAP 附錄P.23 C-2 狎鷗亭洞

所 江南區島山大路51街27 2F 交 地鐵水仁盆唐線 K212 狎鷗亭羅德奧站5號出口步行5分 ☎02-511-2951 營 12:00～21:00（最後預約19:30）休 週六、日、假日

1 開放感十足的奢華店內 2 原創的SPA專業護膚品牌也很受歡迎 3 在包廂內悠閒放鬆 4 具高級感的新大樓‧5樓設有頂樓庭園

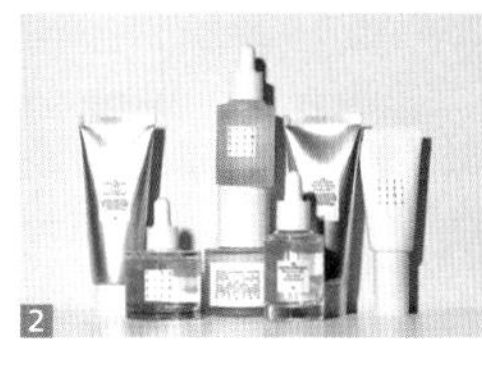

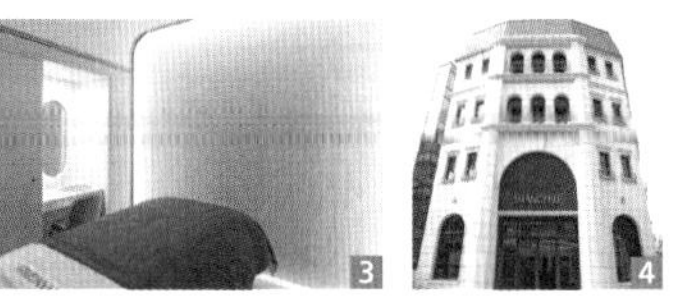

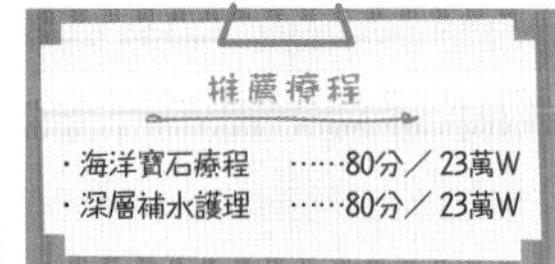

推薦療程
・海洋寶石療程 ……80分／23萬W
・深層補水護理 ……80分／23萬W

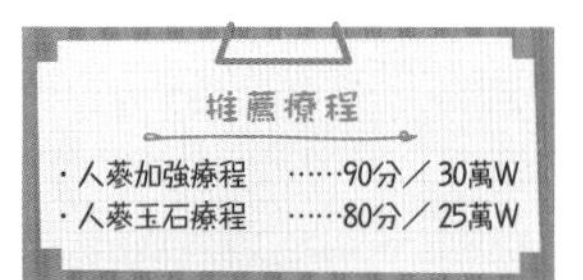

推薦療程
・人蔘加強療程 ……90分／30萬W
・人蔘玉石療程 ……80分／25萬W

使用高級產品的豪華SPA體驗

在優雅的空間度過奢華時光

雪花秀SPA
설화수 스파

除了使用雪花秀的頂級按摩之外，還提供產品體驗和諮詢服務。療程選擇豐富，也有簡易的方案，且有販售店鋪限定商品。

MAP 附錄P.23 B-3 狎鷗亭洞

所 江南區島山大路45街18 交 地鐵水仁盆唐線 K212 狎鷗亭羅德奧站5號出口步行10分 ☎02-541-9272 營 10:00～20:00 休 第1週一

1 2樓商店能試用雪花秀的美妝品 2 整棟大樓都是雪花秀 3 雪花秀是世界知名的韓方化妝品品牌

也有價格略低的雪花秀SPA

位於雪花秀SPA 4樓的Balance SPA，和位於B1的Premium SPA概念不同，價格也很合理。人氣非常高，建議要提前預約。

飯店內的高級SPA

用嬌蘭的高級美妝品打造極致美肌

嬌蘭SPA
Guerlain Spa

以嬌蘭長期研發的獨特手法進行療程，可以促進皮膚細胞再生，並消除因年齡而引起的肌膚問題。透過精湛的技術和細膩的服務，感受公主般的氛圍。

MAP 附錄P.16 B-4　　獎忠洞

所 中區東湖路249 首爾新羅酒店3F
交 地鐵3號線 332 東大入口站5號出口步行3分
☎ 02-2230-1167 營 9:00～22:00 休 無休

1 由在嬌蘭總公司接受過培訓的美療師進行療程 2 先泡腳放鬆 3 療程室一共有10間 4 可以使用夢寐以求的嬌蘭產品進行療程

推薦療程

- 正宗嬌蘭臉部及身體護理 ……120分／39萬6000W
- 臉部集中護理 ……120分／39萬6000W

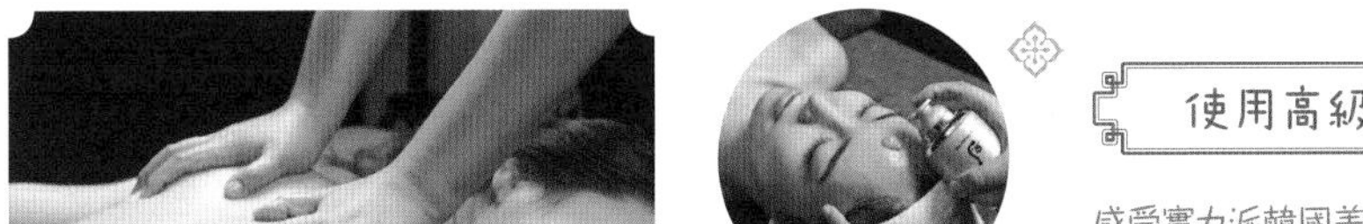

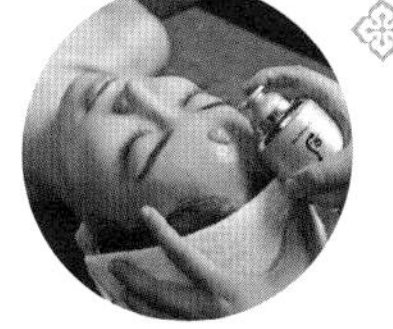

選用免稅店常見的韓國高級美妝品，享受愉悅的療程時光

使用高級美妝品！

感受實力派韓國美妝的魅力！

O Hui Spa

奢侈地使用韓國知名高級美妝品「O Hui」、「The history of后」、「su:m37° 甦秘」的療程很受歡迎。搬遷至明洞後，店鋪空間更加寬敞舒適。

MAP 附錄P.12 E-3　　明洞

所 中區明洞10街41 5F 交 地鐵4號線 424 明洞站8號出口步行3分 ☎ 02-3446-5157
營 10:00～22:00（受理至～20:00）
休 無休

1 使用手部按摩和專用機器進行舒適護理。浮腫消除，身體感覺神清氣爽 2 寬敞舒適的店內設有包廂※照片為搬遷前

推薦療程

- 臉部護理 ……60分／15萬W
- 煥新護理 ……90分／23萬W
- 特殊療程 ……120分／30萬W

高級SPA基本上都必須預約，尤其書內介紹的SPA都相當熱門，若已決定好行程，就趕緊至官網預約吧。

借助「韓方」的力量 目標是成為韓系美人！

在朝鮮半島獨立發展的中醫稱為「韓方」。
「韓方」不僅能治療身體疾病，對減肥和美容也都有效果。
何不試著借助「韓方」的力量讓自己變美呢？

向前韓國小姐金昭亨醫師提問關於「韓方」的問題

我接受韓方治療已將近20年，大部分的症狀都是因體質虛寒而引起。韓方可以溫補身體，轉變成不易發胖的體質，讓肌膚由內而外持續水潤。因此出現了各種追求真正美的「溫活」療法，而我本人也透過「溫活」成功減重並克服婦科疾病。對於深受虛寒所苦的女性來說，溫活不僅能改善體質，還有助於美肌。

常見韓方

枸杞
구기자
功效／**滋養身體。恢復視力**

高麗人蔘
고려인삼
功效／**改善慢性疲勞**

甘草
감초
功效／**補氣。止咳**

陳皮
진비
功效／**改善消化吸收。具有整腸作用**

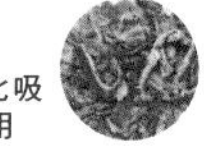

當歸
당귀
功效／**血液淨化。舒緩生理痛**

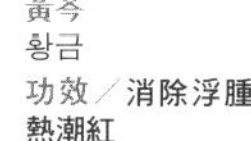

黃芩
황금
功效／**消除浮腫和熱潮紅**

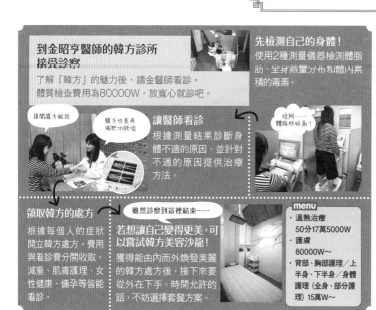

到金昭亨醫師的韓方診所接受診察

了解「韓方」的魅力後，請金醫師看診。
體質檢查費用為80000W，放寬心就診吧。

先檢測自己的身體！
使用2種測量儀器檢測體脂肪、全身熱量分布和體內累積的毒素。

讓醫師看診
根據測量結果診斷身體不適的原因，並針對不適的原因提供治療方法。

領取韓方的處方
根據每個人的症狀開立韓方處方。費用與看診費分開收取。減重、肌膚護理、女性健康、備孕等皆能看診。

雖然診察到這裡結束……

若想讓自己變得更美，可以嘗試韓方美容沙龍！
獲得能由內而外煥發美麗的韓方處方後，接下來要從外在下手。時間允許的話，不妨選擇套餐方案。

menu
- 溫熱治療 50分17萬5000W
- 護膚 80000W～
- 背部、胸部護理／上半身、下半身／身體護理（全身、部分護理）15萬W～

深受國內外知名人士信賴的診所

amicare+ 金昭亨韓醫院
아미케어김소형한의원

許多韓國和海外知名人士都會到訪的診所。內部乾淨明亮，能放鬆心情接受診察。

MAP 附錄P.24 B-3
林蔭大道

所 江南區島山大路13街14 3F
交 地鐵3號線·新盆唐線 337 D04 新沙站8號出口步行3分
☎ 02-544-6500
營 10:00～16:00
休 週三、日

艾草汗蒸專門店ASUCA

韓方療程中最常見的就是艾草汗蒸。在專門提供艾草汗蒸的ASUCA MAP 附錄P.10 D-2 只要40000W就能體驗艾草汗蒸基礎療程。

這裡可以體驗「韓方」美容沙龍！

使用知名美妝品的優雅SPA

SPA1899

商品使用韓國人蔘公社生產的高麗人蔘製造，高級品牌「正官庄」所經營的SPA。店內裝飾以韓國傳統圖案為主，營造出奢華的氛圍。

MAP 附錄P.20 F-3 江南

所 江南區永東大路416 KT&G Tower B2F
交 地鐵2號線 219 三成站2號出口步行4分
☎ 02-557-8030
營 10:00～22:00（最後受理至21:00）
休 無休

menu

- 臉部集中護理Facial Focus 15萬W
- 身體集中護理Body Focus 15萬W

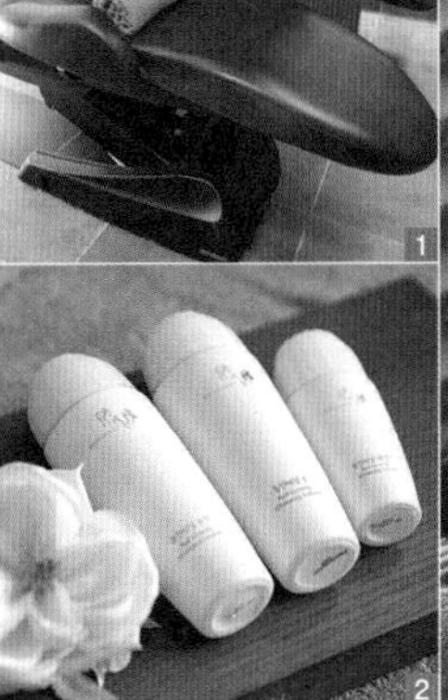

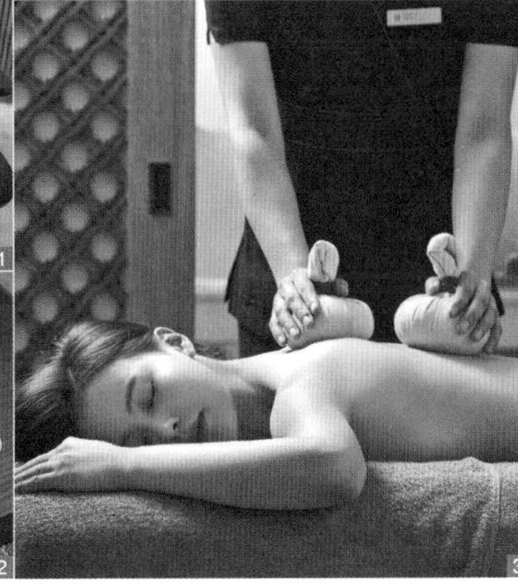

1 舒適的頭部SPA室　2 使用添加紅蔘成分化妝品「Donignbi」的奢華美容沙龍　3 療程有臉部、身體、頭部SPA等多種選擇。其中使用含有紅蔘粉的紅蔘球按摩尤其受歡迎

讓人一試成主顧的診療所

李文元韓方診所

이문원한의원

專門解決頭皮和毛髮問題，充滿高級氛圍的人氣診所。經過院長細心的諮詢和頭皮診斷後，根據每個人的狀況使用韓方藥進行護理。

MAP 附錄P.22 E-4 清潭洞

所 南區宣陵路132街33 交 地鐵7號線·水仁盆唐線 730 K213 江南區廳站4號出口步行4分 ☎ 070-7492-5254
營 10:00～18:00（週五至21:00、週六為9:00～16:30）休 週四、日

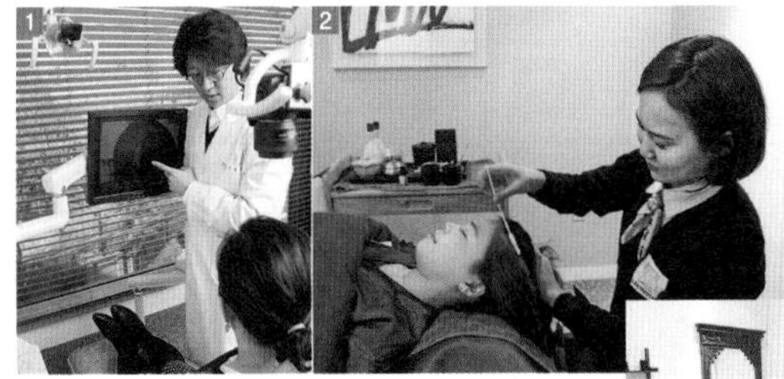

menu

- 頭皮基礎療程 17萬W
- 奢華韓式美容 29萬5000W

1 由李文元院長進行診察和治療。醫師的專業讓人感覺安心　2 對頭皮進行全面檢查，有任何疑問可以隨時提出　3 寬敞舒適的療程室

各美妝品牌通常都有販售使用韓方的面膜和乳霜，不妨找看看喜愛的品牌所推出的韓方美妝品。

今晚和月亮閒聊 來去欣賞首爾的夜景!

白天的首爾街道展現出強大而樸實的面貌，夜晚則是充滿浪漫氛圍。以下介紹首爾必訪的夜景景點。

SPOT1

雄偉地聳立在南山山頂的城市地標

N首爾塔

首爾知名地標性景點。內有餐廳、首爾最高的廁所、「SKY化妝間」等設施。

MAP 附錄P.10 D-4 南山

囲龍山區南山公園街105 ⊗地鐵4號線424明洞站3號出口步行加纜車20分 ☎02-3455-9277 營12:00～22:00（週末為11:00～、入場為閉館前30分）※可能視氣溫或天候稍微變動 休無休 費展望台16000W

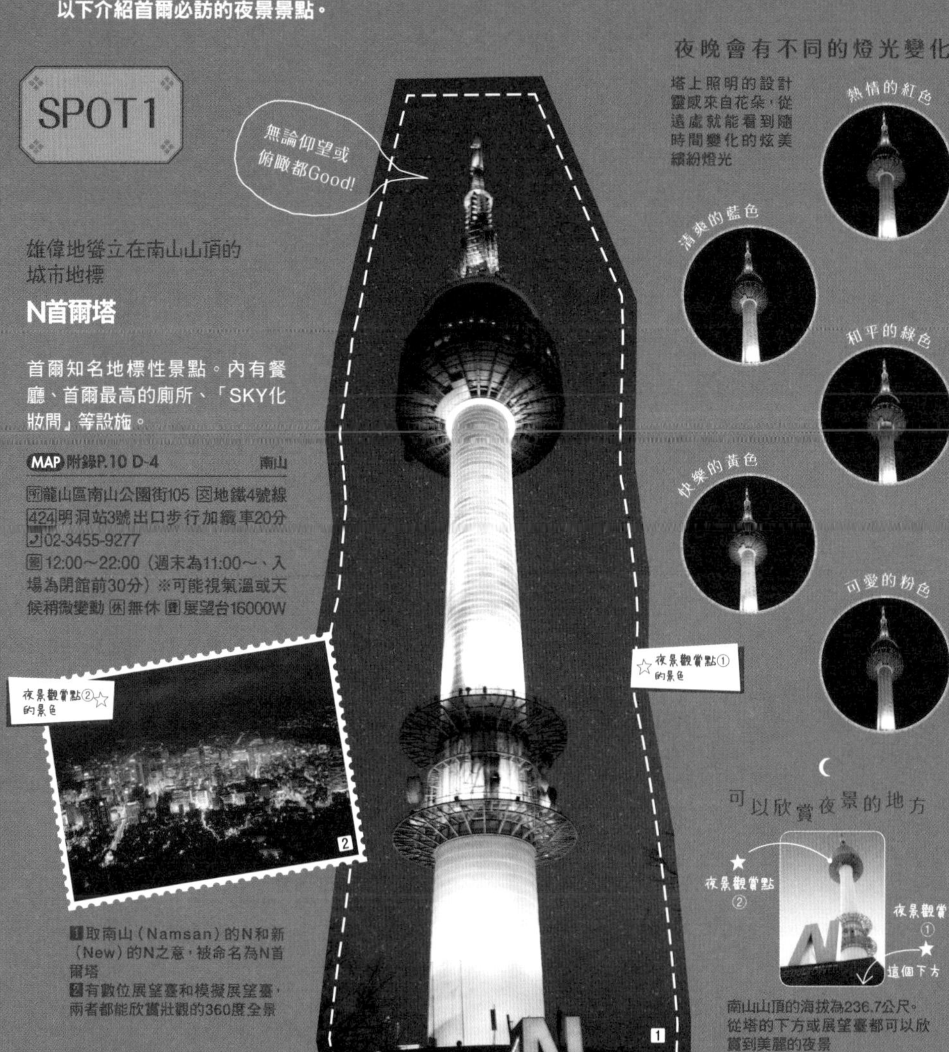

1 取南山（Namsan）的N和新（New）的N之意，被命名為N首爾塔
2 有數位展望臺和模擬展望臺，兩者都能欣賞壯觀的360度全景

南山山頂的海拔為236.7公尺。從塔的下方或展望臺都可以欣賞到美麗的夜景

63大廈的夜景也不容錯過

從63大廈 MAP 附錄P.5 B-4可以眺望漢江和江南地區。展望臺的窗邊有吧臺，可以邊喝啤酒、邊欣賞夜景。

SPOT2

浪漫的夜景
令人著迷

點燈後的清溪川與螺型裝置藝術《Spring》融為一體，營造出夢幻般的氛圍。《Spring》是瑞典藝術家夫妻的作品

☆夜景觀賞點③的景色

夜景格外美麗的市民休憩場所

清溪廣場

청계광장

復原工程於2005年完工後，清溪川成為深受市民喜愛的休憩場所。獨特的橋梁和裝置藝術很引人注目，而位於清溪川起點的廣場也會舉辦各種活動，並以美麗的夜景而聞名。

MAP 附錄P.9 B-4　鍾路

可以欣賞夜景的地方

從毛塵橋上眺望《Spring》時，沐浴在燈光和霓虹燈下的清溪川同時映入眼簾，宛如一幅畫。《Spring》的燈光也很獨特，非常值得一看！

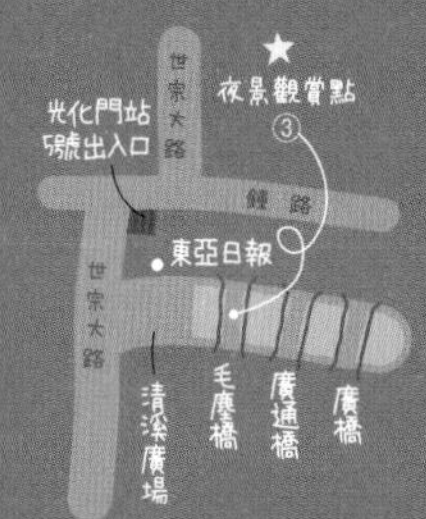

～搭乘夜間遊船欣賞百萬夜景～

要不要試試搭乘漢江遊船欣賞百萬夜景呢？眺望波光粼粼的首爾江邊，吹著涼爽的微風，留下令人難忘的回憶。

漢江遊船

한강유람선

MAP 附錄P.5 B-3　汝矣島

所 永登浦區汝矣東路290 交 地鐵5號線527汝矣渡口站3號出口步行5分 ☎ 02-6291-6900
營 出港為11:30～22:00（視季節、天候、航線而異） 休 無休
費 16900W～

夜晚能於漢江盤浦大橋 MAP 附錄P.21 A-3欣賞噴水秀，長達1公里的水柱被列入金氏世界紀錄。

實現舒適住宿 飯店推薦清單

飯店是旅行時的落腳處，最近新開幕的飯店越來越多。
等級和位置都各不相同，請根據行程挑選符合自己喜好的優質飯店。

高貴的皇家大套房，讓人想一直待在房間

推薦point♥
照明和室內設計給人一種高貴感。住宿者可搭乘往返首爾站和各機場的接駁巴士

位於明洞黃金地段的飯店

首爾皇家酒店
Royal Hotel Seoul

★★★★

現代又古典的室內裝潢，搭配洋溢韓國傳統美感的家具，營造出奢華的氛圍。所有客房均配有浴缸、便利的地理位置等也是此間酒店很大的優勢。

MAP 附錄P.12 E-2 明洞

所 中區明洞街61 交 地鐵2號線202乙支路入口站5號出口步行7分 ☎02-756-1112 室310室 費24萬W～※接駁巴士暫時停止運行（2024年9月時） URL www.royal.co.kr/

1進入飯店後，映入眼簾的是莊重典雅的大廳 2精緻套房，配有易於使用的桌子和舒適的床 3能眺望庭園美景的Cafe&Bar「The Garden」

體驗韓屋住宿

樂古齋 MAP 附錄P.15 C-3 是一間由130年前左右建造的韓屋改造而成的住宿設施。神祕的氛圍讓人感覺像是回到了朝鮮時代。

推薦point♥
所有客房均配置新羅酒店水準的頂級家具和AVEDA一次性備品

配有使用100%匈牙利產羽毛製成的頂級寢具

新羅旗下的高級飯店

西大門新羅舒泰酒店
Shilla Stay Seodaemun

★★★★

作為新羅酒店旗下的高級商務飯店開幕營運。館內由義大利知名設計師打造，營造出舒適安逸的現代空間。

MAP 附錄P.7 A-3 西大門

所 西大門區忠正路76 交 地鐵5號線 532 西大門站7‧8號出口即到
☎ 02-6388-9000（訂房）室 319間
費 12萬W～
URL www.shillastay.com/seodaemun

由日本企業營運的安心感

首爾明洞索拉利亞西鐵酒店
Solaria Nishitetsu Hotel Seoul Myeongdong

★★★★

西鐵酒店集團首間海外飯店。以「城市度假勝地」為主題，營造出時尚溫馨的氛圍。

MAP 附錄P.12 E-3 明洞

所 中區明洞8街27 交 地鐵4號線 424 明洞站8號出口步行3分 ☎ 02-773-1557
室 312間 費 25萬3000W～
URL nnr-h.com/solaria/seoul

高人氣的雙床房。忘卻都市的喧囂，好好放鬆

推薦point♥
員工全部都會說日文。1樓可寄放行李，相當便利

便利且時髦的內部裝潢很受歡迎

首爾東大門諾富特大使
Novotel Ambassador Seoul Dongdaemun Hotels & Residences

★★★★★

地理位置優越。開放感十足的頂樓泳池和露天酒吧也很推薦。

MAP 附錄P.16 B-2 東大門

所 中區乙支路238 交 地鐵2‧4‧5號線 205 422 536 東大門歷史文化公園站12號出口步行5分 ☎ 02-3425-8000 室 331間＋公寓式192間 費 21萬W～ URL m.ambatel.com/novotel/dongdaemun/en/index.do

推薦point♥
位於飯店大樓20樓的餐廳提供韓式、日式、美式等各種料理

很難想像如此廣闊的頂樓泳池是位於市中心

★代表飯店的等級（★★★★★＝5星級、★★★★＝4星級、★★★＝3星級）含部分基準。

明洞 首爾樂天酒店
Lotte Hotel Seoul
★★★★★ MAP 附錄P.13 C-1

距離明洞繁華街區僅一箭之遙，是韓國最大規模的建築。緊鄰樂天百貨和樂天免稅店，步行即可到達南大門市場，地理位置優越且便利。也有能品嘗各國料理的餐廳。

所 中區乙支路30 交 地鐵2號線202乙支路入口站8號出口即到 ☎02-771-1000
室 310間 費 24萬W～
URL www.lottehotel.com

明洞 首爾威斯汀朝鮮酒店
The Westin Chosun Seoul
★★★★★ MAP 附錄P.13 B-2

1914年於明洞的李朝別宮遺址上建造，是韓國最古老的飯店。占地內有李朝末代皇帝建造的史蹟，可以近距離感受歷史。新穎寬敞的客房相當舒適。

所 中區小公路106 交 地鐵2號線202乙支路入口站7號出口步行5分 ☎02-771-0500 室 453間
費 44萬W～ URL www.marriott.com/hotels/travel/selwi-the-westin-josun-seoul/

明洞 明洞中心天空花園酒店
Hotel Skypark Central Myeongdong
★★★★ MAP 附錄P.12 E-2

位於明洞站附近，交通十分便利。此外，飯店提供往返首爾站、東大門和新羅免稅店的接駁巴士，住宿者可免費享有此服務。粉紅色調的公主雙床房很熱門。

所 中區明洞9街16
交 地鐵2號線202乙支路入口站5號出口步行5分
☎02-6900-9351
室 312間
費 15萬3000W～
URL www.skyparkhotel.com

明洞 國都酒店
Hotel Kukdo
★★★★ MAP 附錄P.10 F-1

Best Western系列的飯店。以世界一流的貼心服務而自豪，內有會講日文的員工。步行2分即可到達地鐵站、市內巴士和機場巴士的停靠站，交通十分便利。

所 中區乙支路164 交 地鐵2·5號線204 535乙支路4街站10號出口即到
☎02-6466-1234
室 295間 費 11萬8300W～
URL hotelkukdo.com

明洞 首爾王子酒店
Hotel Prince Seoul
★★★ MAP 附錄P.12 E-4

現代簡約風格的客房，位置很便利。

所 中區退溪路130 交 地鐵4號線424明洞站2號出口即到
☎02-752-7111
室 100間 費 10萬8000W～
URL www.princeseoul.co.kr

明洞 明洞PJ酒店
Hotel PJ Myeongdong
★★★ MAP 附錄P.10 F-1

位於明洞和東大門的中間位置，房間寬敞舒適。

所 中區乾川路71
交 地鐵2·5號線203 535乙支路4街站8號出口步行5分
☎02-2280-7000 室 272間
費 11萬W～ URL www.hotelpj.co.kr

明洞 世宗酒店
Sejong／세종
★★★★ MAP 附錄P.12 F-4

位於明洞繁華街區，自助餐廳很受歡迎。

所 中區退溪路145
交 地鐵4號線424明洞站10號出口即到
☎02-773-6000 室 333間
費 15萬9000W～ URL www.sejong.co.kr

明洞 太平洋酒店
Pacific Hotel
★★★★ MAP 附錄P.10 D-2

步行即可到達明洞和南大門，日本客很多。

所 中區退溪路20街2 交 地鐵4號線424明洞站3號出口即到
☎02-777-7811
室 181間 費 18萬6000W～
URL www.thepacifichotel.co.kr

明洞 宜必思首爾明洞大使酒店
Ibis Ambassador Seoul Myeongdong
★★★★ MAP 附錄P.12 D-2

內部裝潢時尚且位置優越，服務也很好。

所 中區南大門路78 交 地鐵2號線202乙支路入口站6號出口步行5分 ☎02-6361-8888
室 279間 費 17萬W～
URL www.ambatel.com/ibis/myeongdong/ko/main.do

明洞 大都會飯店
Metro Hotel

★★★ MAP 附錄P.12 D-1

高尚的機能性客房，服務也很到位。

所 中區明洞9ga街14 交 地鐵2號線202乙支路入口站5·6號出口即到 ☎02-752-1112 室 78間
費 11萬W～
URL www.metrohotel.co.kr

麻浦 麻浦樂天城市酒店
Lotte City Hotel Mapo
★★★★ MAP 附錄P.5 B-3

附設自助洗衣間、餐廳等多種設施。

所 麻浦區麻浦大路109 交 地鐵5·6號線·京義中央線529 626 K312孔德站直通
☎02-6009-1000 室 284間 費 15萬4000W～
URL www.lottehotel.com/city/mapo/ko

梨泰院 君悅酒店
Grand Hyatt Seoul
★★★★★ MAP 附錄P.18 E-3

由香港知名建築師所設計，散發著優雅的氛圍。

所 龍山區素月路322 交 地鐵6號線630梨泰院站2號出口搭計程車3分 ☎02-797-1234 室 601間
費 42萬7500W～ URL www.hyatt.com/ko-KR/hotel/south-korea/grand-hyatt-seoul/selrs

市廳

廣場酒店
The Plaza Hotel ★★★★★
MAP 附錄P.13 A-2

聳立在首爾市廳前，步行即可到達明洞和南大門市場的精品飯店。配有知名設計師家具的客房非常時尚。因曾為韓劇《冬季戀歌》、《夏日香氣》的拍攝地而頗負盛名。

所 中區小公路119
交 地鐵1·2號線132 201市廳站6號出口即到
☎ 02-771-2200
室 410間
費 26萬W～
URL hoteltheplaza.com/kor

市廳

Koreana酒店
Koreana Hotel ★★★★
MAP 附錄P.9 B-4

位於首爾市中心光化門的飯店。步行即可到達景福宮、德壽宮和明洞，廣受商務客和旅客的歡迎，配備網路的商務中心為24小時開放。餐廳有中式料理、日本料理等可以選擇。

所 中區世宗大路135
交 地鐵1·2號線132 201市廳站3號出口步行3分
☎ 02-2171-7000
室 285間
費 12萬7500W～
URL www.koreanahotel.com

市廳

新首爾酒店
New Seoul Hotel ★★★
MAP 附錄P.9 B-4

雖然規模不大，但設有商務中心和健身房。

所 中區世宗大路22街16 交 地鐵1·2號線132 201市廳站5號出口步行5分 ☎ 02-735-8800
室 184間 費 10萬W～
URL www.hotelnewseoul.com

光化門

光化門新羅舒泰酒店
Shilla Stay Gwanghwamun ★★★★
MAP 附錄P.9 C-3

地理位置優越，很受日本人歡迎。館內裝潢是由義大利設計師打造。

所 鍾路區三峯路71 交 地鐵1號線131鍾路站2號出口步行6分 ☎ 02-6060-9000 室 338間 費 10萬W～
URL www.shillastay.com/gwanghwamun/

南大門

首爾南大門華美達套房飯店
Ramada Hotel & Suites ★★★★
MAP 附錄P.11 A-2

所有客房均有地暖的豪華飯店，也有附設桑拿房。

所 中區七牌路27 交 地鐵1·2號線132 201市廳站9號出口步行10分 ☎ 02-775-7177
室 244間 費 20萬8000W～ URL www.seanhotelgroup.com/hotels/ramada-namdaemun/ko

三成洞

首爾COEX洲際酒店
Inter-Continental Seoul Coex ★★★★★
MAP 附錄P.20 E-3

直通COEX購物商場，簡約舒適的飯店。

所 江南區奉恩寺路524 交 地鐵9號線928奉恩寺站5號出口步行5分 ☎ 02-3452-2500 室 654間
費 36萬9700W～ URL www.iccoex.com

鍾路

首爾四季酒店
Four Seasons Hotel Seoul ★★★★★
MAP 附錄P.9 B-4

韓國第一家四季酒店，其地點能眺望五大宮之一的景福宮。從寬敞的客房中，可以欣賞到首爾歷史建築與摩天大樓新舊共存的美景，館內設施也很齊全。

所 鍾路區新門內路97
交 地鐵5號線533光化門站7號出口步行3分
☎ 02-6388-5000 室 317間
費 需洽詢
URL www.fourseasons.com/seoul/

獎忠洞

首爾新羅酒店
The Shilla Seoul ★★★★★
MAP 附錄P.16 B-4

不斷吸引世界各地的VIP前來，為韓國屈指可數的頂級飯店。現代寬敞的內部空間令人放鬆，客房配備舒適的高級寢具。在嬌蘭SPA、Parkview等各種設施中，能充分享受到一流的服務。

所 中區東湖路249
交 地鐵3號線332東大入口站5號出口步行3分(提供免費接駁車)
☎ 02-2233-3131
室 463間 費 需洽詢
URL www.shilla.net

獎忠洞

首爾悅榕莊
Banyan Tree Club & Spa Seoul ★★★★★
MAP 附錄P.6 D-4

高達21層，卻僅有50間客房的奢華飯店。重視個人隱私，單一樓層只有2～4間客房。除了戶外泳池，所有客房均配備私人休閒池和蒸氣室，能享受度假村般的氛圍。

所 中區獎忠壇路60
交 地鐵6號線632波堤嶺站1號出口步行8分
☎ 02-2250-8000 室 50間
費 63萬2000W～
URL www.banyantreeclub.com

西大門

首爾斯維斯格蘭德飯店
Swiss Grand Hotel ★★★★★
MAP 附錄P.5 A-1

座落於大自然的清幽環境之中，別館設有美容沙龍。

所 西大門區延禧路353 交 地鐵3號線324弘濟站4號出口步行20分 ☎ 02-3216-5656
室 396間 費 19萬9000W～
URL www.swissgrand.co.kr

清潭洞

里維埃拉飯店
Hotel Riviera ★★★★★
MAP 附錄P.20 E-2

位於漢江旁，有皇家套房、韓式套房、暖炕等房型可以選擇。

所 江南區永東大路737 交 地鐵7號線729清潭站13號出口步行5分 ☎ 02-541-3111 室 320間
費 11萬5000W～ URL www.hotelriviera.co.kr

★代表飯店的等級(★★★★★=5星級、★★★★=4星級、★★★=3星級)含部分基準。

事先掌握韓國的出入境流程

雖然距離很近，但韓國畢竟是國外，出入境時必須要辦理相關手續。
入境所需的紙本文件會在機上發放，也能透過網路填寫。
出國時記得要提早到達機場辦理手續。

入境流程

抵達韓國後，依照指示進入航廈。有需要申報的物品時，才要提交海關申報單。若已完成網路填寫，就無須提交相關入境文件。

1 抵達

飛抵韓國機場後，下飛機前往入境樓層。依照指示前進，通過健康檢疫後前往入境審查。

2 入境審查

在外國人專用的審查臺出示護照和入境卡，通過審查後會收到入境確認的貼紙。17歲以上的外國人需指紋建檔及拍攝臉部照片。K-ETA申請通過者不需再填寫入境卡。

3 提領行李

前往寫有搭乘航班的行李轉盤領取託運行李。如遇遺失或損壞，應告知服務人員並出示行李牌（Claim Tag）。

4 海關檢查

有需申報的物品時，請填寫「遊客攜帶物品申報單」（家族共用1張）。前往「要申報 Goods to Declare」櫃檯接受檢查。若沒有要申報的物品，直接走「無須申報 Nothing to Declare」通道即可。

5 入境大廳

通過海關後即會抵達入境大廳。若需要使用現金支付前往市區的交通費等，可於此兌換。

雖然無持簽證入境韓國需申請K-ETA（韓國電子旅行許可），但至2024年12月底為止暫時免除申請。
URL k-eta.go.kr

入境卡填寫方式（非韓國籍）

ARRIVAL CARD ※ Please fill out in Korean or English.
入境卡(外国人用) ※ 请填写韩语或英语。

Family Name / 姓: Wang ①
Given Name / 名: Xiao Ming ②
Male / 男 ✓ Female / 女 ③
Nationality / 国籍: Taiwan ④
Date of Birth / 出生日期 ⑤: 1 9 9 9 1 0 1 0
Occupation / 职业 ⑥: Employee
Address in Korea / 在韩地址 ⑦ (☎: 飯店電話)
飯店名稱、地址
※ 'Address in Korea' should be filled out in detail. (See the back side)
※ 必须填写'在韩地址'。(参考后面)
Purpose of visit / 入境目的 ⑧: ✓ Tour 观光 □ Visit 访问 □ Business 商务 □ Employment 就业 □ Others 其他( )
Signature / 签名 ⑨: 本人簽名（英或中）

①姓氏用英文拼音填寫 ②名字用英文拼音填寫 ③性別 ④國籍 ⑤出生日期（順序為年、月、日。1位數的情況下前方加0） ⑥職業 ⑦在韓地址（電話也要寫） ⑧入境韓國目的 ⑨簽名（與護照相同簽名）

入境免稅範圍	主要禁止攜帶及限制物品
・酒類　2瓶（2公升以下且總值不超過400美元） ・香水　2盎司（約60cc） ・香菸　捲菸200支、雪茄50支、電子菸液體20毫升 ・個人的日用品 ・總值不超過800美元的攜帶品 ※酒類和香菸需滿19歲以上	・槍砲類、彈藥、刀劍類、毒品等 ・偽造貨幣、仿冒品、盜版等 ・猥褻物品、竊聽器等 ・瀕危動植物（鸚鵡、蜥蜴、猴子、蘭花等）及產品（熊膽、麝香、鱷魚皮等）
其他需申報的物品	**需接受動植物檢疫**
・相當於1萬美元以上的韓圜，或等額外幣現金及支票 ・銷售品、樣品等 ・受他人之託攜帶入境的物品	・動物（含水生動物類） ・肉類、肉製品（火腿、香腸、肉乾、罐頭等）、蛋、蛋製品、牛奶、乳製品等 ・植物、水果、蔬菜、堅果類、種子、球根、樹苗、漢方藥、泥土等

海關申報也能透過網路完成

透過關務署官網或APP也能進行海關申報。若以網路申報就不需填寫紙本申報單。需輸入英文或韓文，但顯示語言可選簡體中文。2023年6月時，仁川機場第2航廈和金浦機場都可使用。

URL m.customs.go.kr/tms

※APP請搜尋「Korea Customs Service」

海關申報單填寫方式（需申報時填寫）

관세청 KOREA CUSTOMS SERVICE **Customs Declaration Form**

- Arriving passengers with goods to declare must complete and submit a Customs Declaration form.
- Within the same household, one person can serve as the responsible family member for the purposes of this customs declaration.
- Name and birth date must match the passport.

①Name: Wang Xiao Ming
②Birth date: 1980 Year 4 Month 1 Day
③Passport number: AB0000000 (Foreign nationals only)
④Length of stay: 4 days　Country of embarkation:
⑤Number of family members traveling with you: Myself and 2 others　⑥Airline/Flight No.: JL951
⑦Phone number: 02 771-1000
⑧Address in Korea: Lotte Hotel Seoul

⑨Customs Declaration　Mark appropriate square with "☑"

1 I am (We are) carrying articles exceeding the duty-free exemption limit (see reverse): Exceeding the duty free Allowance (Alcohol / Tobacco / Perfume / General goods) / No
* Provide details regarding articles on the reverse
⇨ Voluntary declaration receives 30% discount of customs duty (maximum KRW200,000)

2 I am (We are) bringing articles originating in Korea's FTA partner country to receive preferential tariff treatment: Yes ☐ No ☑

3 I am (We are) carrying currency or monetary instruments (combined value of all coin, currency, checks, stocks and bonds, etc.) with a total combined value of more than USD10,000: Yes ☐ No ☑
[Total amount:　]

4 I am (We are) carrying articles prohibited entry into or strictly controlled in Korea: Yes ☐ No ☑
a. Firearms, live ammunition, knives, swords, other blades, drugs, radioactive substances, etc.
b. Counterfeit currency, counterfeit goods, etc.
c. Obscene material, North Korea propaganda, wiretapping instruments, etc.
d. Endangered wildlife (parrots, lizards, monkeys, orchids, etc.) or related products (bear gallbladder/bile, musk, crocodile leather, etc.)

5 I am (We are) carrying animals and/or plants and other articles that have quarantine requirements: Yes ☐ No ☑
a. Animals (including aquatic animals such as fish)
b. Livestock products and processed livestock products (such as beef jerky, sausage, ham, and cheese)
c. Plants, fruit, vegetables, nuts, seeds, soil, etc.
* Please inform the Animal and Plant Quarantine Agency if you and/or others in your household have visited a livestock farm in a nation with an animal disease outbreak.

6 I am (We are) carrying articles requiring confirmation of permissions/requirements by a customs authority: Yes ☐ No ☑
a. Articles for sale, samples for office use, etc.
b. Articles requested by others for importation into Korea
c. Articles for temporary storage in customs warehouse for pickup upon departure from Korea
d. Articles to be used in Korea for a limited time until departure with said articles
e. Articles sent separately by post, articles that have been "reported for temporary exportation (release)" from their originating country upon departure, etc.

⑩ I have completed this form in good faith as a truthful declaration.
2024 Year 10 Month 15 Day
Declarant: 王小明 (Signature)
(Continue to Reverse Side)

正面

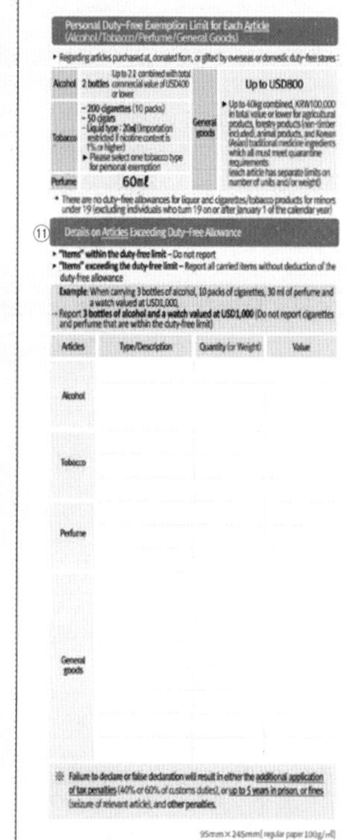

Personal Duty-Free Exemption Limit for Each Article (Alcohol/Tobacco/Perfume/General Goods)

- Regarding articles purchased at, donated from, or gifted by overseas or domestic duty-free stores:

Alcohol	2 bottles: Up to 2 ℓ combined with total commercial value of USD400 or lower	General goods	Up to USD800 ▶ Up to 40kg combined, KRW100,000 in total value or lower for agricultural products, forestry products (non-timber included), animal products, and Korean (Asian) traditional medicine ingredients which all must meet quarantine requirements (each article has separate limits on number of units and/or weight)
Tobacco	- 200 cigarettes (10 packs) - 50 cigars - Liquid type: 20㎖ (Importation restricted if nicotine content is 1% or higher) ▶ Please select one tobacco type for personal exemption		
Perfume	60㎖		

* There are no duty-free allowances for liquor and cigarettes/tobacco products for minors under 19 (excluding individuals who turn 19 on or after January 1 of the calendar year)

⑪ **Details on Articles Exceeding Duty-Free Allowance**

- "Items" within the duty-free limit – Do not report
- "Items" exceeding the duty-free limit – Report all carried items without deduction of the duty-free allowance

Example: When carrying 3 bottles of alcohol, 10 packs of cigarettes, 30 ml of perfume and a watch valued at USD1,000,
→ Report 3 bottles of alcohol and a watch valued at USD1,000 (Do not report cigarettes and perfume that are within the duty-free limit)

Articles	Type/Description	Quantity (or Weight)	Value
Alcohol			
Tobacco			
Perfume			
General goods			

※ Failure to declare or false declaration will result in either the additional application of tax penalties (40% or 60% of customs duties), or up to 5 years in prison, or fines (seizure of relevant article), and other penalties.

95mm × 245mm [regular paper 100g/㎡]

反面

①填入姓名 ②填入出生日期 ③填入護照號碼 ④填入停留天數 ⑤填入同行家人的人數 ⑥填入抵達航班號（登機證上的號碼） ⑦填入在韓聯絡處的電話號碼或行動電話號碼 ⑧填入在韓地址 ⑨請在相應欄內打勾 ⑩填入申報日期、簽名（與護照相同簽名） ⑪在海外（含國內免稅店）取得/購買並攜帶入境之物品超過免稅範圍時，請在相應欄中填入明細

出境流程

出發前2～3小時即可辦理報到手續，請預留足夠的時間前往機場。旺季時建議提早抵達。

1 前往機場

建議於班機出發前2～3小時抵達出境大廳。至搭乘的航空公司櫃檯或自助報到機排隊辦理手續。

2 報到

出示機票和護照。託運不得攜帶登機的行李，並領取行李牌和登記證。化妝品等含水分的物品請於此託運。

3 安全檢查

接受隨身行李進行X光檢查和身體安檢。若身上有皮帶等金屬物品，蜂鳴器會發出聲響，請務必將其取下。

4 海關

如果有古美術品等需申報的物品，請提交海關申報單，無則免。

5 出境審查

出示護照和登機證，接受出境審查。先將護照套取下能加快通關速度。

6 出境管制區

退還增值稅和領取市區購買的免稅品都在此處辦理。請於開始登機前抵達登機門。

仁川國際機場出發的部分航班可事先於首爾站的都心機場航站辦理報到手續。

從機場到市區
要使用哪種交通方式呢？

抵達韓國機場後，別浪費時間，趕緊前往首爾市區吧。根據到達的機場和目的地，有多種不同的方式，請視預算和行程規劃進行選擇。

仁川國際機場 ⟷ 市區（約90分）

從仁川國際機場到市區最方便的方式是乘坐機場快線A' REX。若想悠閒舒適的移動，建議可搭乘高級利木津巴士。對於要前往非利木津巴士停靠飯店的人和團體來說，計程車相對便利。

高級利木津巴士

可於第一航廈入境大廳內的4、9號出口前或4、6、7、8、11、13號出口附近的售票處購買車票。

路線名	主要停靠站	價格(W)
清涼里(6002)	合井站、弘大入口站、新村站、梨大入口站、阿峴站、忠武路站、慶熙宮、四季酒店（光化門）鍾路1街、鍾路2街、鍾路3街、鍾路4街、鍾路6街、東廟站、新設洞站、祭基洞站、清涼里站	17000
城北・月溪(6011)	世界盃體育場、（舊）城山會館、延世大學、梨花女大後門、景福宮站、安國洞、昌慶宮、成大入口、漢城大入口、誠信女子大入口、彌阿里、吉音新城、北首爾夢之林、樂天公寓、仁德大學、月溪洞大宇公寓	17000
首爾大學(6003)	金浦機場、松亭站、鉢山站、KBS運動世界、木洞站、九老站、九老區廳、大林站、樂天百貨冠岳店、新林站、奉大站、首爾大入口站、冠岳區廳、首爾大學	16000
明洞(6015)	首爾花園酒店、孔德站、麻浦警察局、忠正路站、南大門市場、宜必思首爾明洞大使酒店、首爾皇家酒店、乙支路2街、國都酒店、首爾花園酒店（麻浦站）、樂天城市酒店、忠武路站、明洞站	17000

路線名	主要停靠站	價格(W)
明洞・東大門(6001)	漢江大橋、新龍山站、三角地站、淑大入口站、福朋喜來登、首爾站、南大門市場、明洞站、退溪路3街（韓屋村）、忠武路站（PJ酒店）、貝頓酒店、楊槐酒店、東大門歷史公園、東橫INN、明洞站	17000
仁寺洞(6005)※停駛中	世界盃公園7區、京義中央線水色站、數碼媒體城、加佐站、西大門區廳、格蘭德希爾頓酒店、弘濟站、母岳齋站、獨立門站、靈泉市場、西大門新羅舒泰酒店、輝盛坊國際公寓、南大門輝盛坊國際公寓、市廳、仁寺洞	—
上一洞(6006)	狎鷗亭站、Galleria百貨、普瑞瑪酒店、里維埃拉飯店、二成站、綜合運動場站、蠶室新川站、蠶室（樂天世界）、夢村土城站	17000
逸院洞(6009)	新沙站、論峴站、新論峴站、江南站、良才站、Tower Palace、大峙洞、鶴灘站、開浦洞、逸院站、三星首爾醫院	17000
漢南洞(6030)※停駛中	國會議事堂、肯辛頓酒店、康萊德酒店、首爾龍城、龍山站、二村站、IP精品飯店、皇冠酒店、哈密爾頓酒店	—
首爾市廳(6701)	koreana酒店、廣場酒店、威斯汀朝鮮酒店、樂天酒店、明洞、KAL大廈	18000
東大門／南山(6702)	首爾花園酒店（麻浦）、麻浦樂天城市酒店、華美達酒店、首爾站、千禧希爾頓酒店、君悅酒店、首爾大使鉑爾曼酒店、頂峰酒店、東大門設計廣場、藥水站	18000
江南／COEX(6703)	諾富特大使、三井酒店、首爾華美達酒店、首爾COEX洲際酒店、首爾格蘭洲際酒店、帝國皇宮飯店	18000
蠶室／東首爾(6705)	樂天世界、東首爾綜合巴士客運站、廣渡口站、華克山莊酒店	18000

計程車

第1航廈入境大廳的7C／8C為模範計程車、模範大型計程車的乘車處，4C為國際計程車的乘車處。抵達首爾市廳附近約需60～80分，基本上模範計程車的費用為80000W～、一般計程車為50000W～。在機場攬客的白牌計程車可能會收取不合理的價格，需特別留意。

KORAIL 機場快線 A'REX

機場快線位於機場航廈地下1樓，步行約5分即可抵達月台。搭乘普通列車從仁川機場～首爾站約需60～70分，票價4250～4850W，營運時間5:18～23:32（T2發車），每隔5～15分行駛一班。直達列車所需時間為40～50分，票價9500W，營運時間5:15～22:40（T2發車），每1小時行駛1～2班。

增值稅的免稅制度

外國遊客於有標示「TAX FREE」的商店內消費滿30000W以上，只要在機場的海關櫃檯申報就能退還稅金（Tax Refund）。仁川、金浦國際機場都有設置可選中文服務的24小時自動退稅機，相當便利。若單次消費未滿50萬W（停留期間總額250萬W），有些店鋪會直接於結帳時扣除稅金，在機場也無須辦理手續。

金浦國際機場 ⟷（約50分）市區

和仁川國際機場相較之下，距離首爾市區較近。航廈分為國際線和國內線，從松山和桃園機場起飛的航班會停在國際線航廈。雖然國際線的規模不大，但對於離松山或桃園機場較近的人來說，無論是在台灣還是首爾，交通都很方便。

高級利木津巴士

由KAL利木津巴士和韓國都心機場利木津巴士營運。每30～40分行駛一班。

路線名	主要停靠站	價格(W)
蠶室站(6000)※停駛中	松亭站、鉢山站、KBS運動世界、高速巴士客運站、盤浦站、論峴站、新論峴站、江南站、驛三站、韓國科技中心、宣陵站、三成站、蠶室樂天世界、蠶室站	－
東橫INN(6021)※停駛中	孔德站（麻浦樂天城市酒店、麻浦新羅舒泰酒店）、阿峴洞住民中心、麻浦警察局、阿峴國小（兒嶺站）、忠正路站、首爾站、南大門市場、宜必思首爾明洞大使酒店、東橫INN、明洞站	－
往水落・蘆原(6101)	國際線航廈、蘆原站、馬得站、水落山航廈	9000

計程車

基本上一般計程車的費用約20000W～、模範計程車為50000W～。會隨著時間段的不同而有所調整，大約50分即可抵達明洞附近。

計程車搭乘處。人數多時一起搭乘其實很划算。

地鐵

地鐵5・9號線、KORAIL機場快線都有停靠，可利用機場1樓到地下樓層的手扶梯前往。票價為1550W左右。

金浦機場航廈通往地鐵和機場快線的地下通道

仁川國際機場的4樓是美食激戰區！

仁川國際機場的美食眾多，其中最受歡迎的是位於第1航廈4樓的美食廣場「FLAVOUR6」。該區有豆腐鍋專賣店的「北倉洞嫩豆腐」、部隊鍋專賣店的「歐羅巴部隊鍋」、使用章魚、烏賊等海鮮烹煮的韓國鍋類料理店「威性章蝦腸」等。販售甜點的店家也很多，非常推薦前往看看！

⬆集結眾多人氣店的美食廣場「FLAVOUR6」

⬆出發前很適合在此休息。甜點區也很多選擇

機場快線分為直達列車和普通列車。直達列車沿途不停靠，會直接從仁川國際機場開到首爾站，而普通列車中途則會停靠11站。

首爾市區移動方式~地鐵篇~

覆蓋市區每個角落的地鐵是首爾主要的交通方式，只要掌握搭乘方式、路線等訣竅就能輕鬆上手。趕緊使用大眾交通工具玩一趟首爾吧！

來去搭地鐵吧

首爾地鐵的基本票價為1350W（1次性交通卡），價格還算合理。每條路線和每個車站都以不同的顏色和編號區分，車站標示牌上也有英文和中文，對旅客來說相對便利。從早晨到深夜，每隔幾分鐘行駛一班。※自2023年10月開始，地鐵價格調漲150W。基本票價變成1500W（1次性交通卡）。

1 前往車站

地鐵入口處設有指示牌，上方有列車圖案和車站編號。標記的顏色代表該站可搭乘的路線顏色，數字則為車站編號，並且標示有英文和中文。

寫有車站編號的圓圈代表路線的顏色

指示牌中央的顯眼韓文是車站名稱

2 購買交通卡

1. 語言選擇（中文）
2. 選擇1次性交通卡（選擇基本票價或目的地）或加值T-money
3. 選擇車站
4. 選擇人數
5. 投入顯示金額

（上）選擇畫面下方的「中文」。在下個畫面選擇1次性交通卡或加值T-money
（中）車站名會按照字母順序顯示，選擇要前往的車站
（右）選擇要購入的張數。支付加上交通卡保證金500W的車資

T-money &1次性交通卡

市區巴士、地鐵、計程車、便利商店等皆可使用T-money，無論換乘巴士或地鐵，費用均以總距離計算。使用可享100W折扣優惠，很有利用價值。可於地鐵站售票機、便利商店等地點購買。

購入1張3000W~，可於售票機加值

1次性交通卡不能儲值，僅能搭乘地鐵且限1次

3 通過驗票口

將卡靠在驗票口的面板上即能通過。為了能正常感應，請確實觸碰卡片。

大部分驗票口都是無人看管的自動閘門

若成功感應，上方會顯示○

地鐵、換匯、支付用WOW PASS就OK!

WOW PASS是一張相當便利的卡，不僅具有台幣充值、韓圓支付的預付卡功能，還同時搭載交通卡「T-money」。機場、地鐵皆有設置自動販賣機。

4 前往月台

依照路線指示牌上的箭頭前往月台。若站內有多條路線，請尋找寫有搭乘路線顏色、路線編號和主要目的地的指示牌。

有些月台位於地面，如3號線玉水站

5 上車&下車

列車進站後，確認車廂側面顯示的目的地後上車。車門會自動開關，車內廣播只有韓文或英文，請利用車上的液晶螢幕確認下車站。

注意早晚尖峰時段人潮眾多

⬆查看月台上的行車指示牌確認列車方向 ⬅車內設置的液晶螢幕會顯示下一站資訊

6 出驗票口

到站後，順著有標示「Way Out」的黃色指示牌前往驗票口。和進站時一樣，利用感應自動閘門的方式通過驗票口。

有些月台出口標誌會標示中文

出驗票口後，利用出口指示牌尋找最近的出口

7 退還卡片保證金

抵達目的車站並走出驗票口後，退還交通卡的保證金。將交通卡插入設置於驗票口外的保證金退款機後，就能取回購買時支付的保證金500W。另外，若想退還T-money的餘額，也可至便利商店辦理。退款時會扣除500W的手續費。

雖然每次搭車都要退還交通卡500W很麻煩，但手續很簡單

在車站會見到的韓文介紹

站名大多都有標示英文和中文，基本上不會有問題，但若能記住韓文就會更順利。以下介紹車站常見的部分韓文。

韓文	讀音	中文	韓文	讀音	中文
지하철	jihacheol	地鐵	환승	hwanseung	轉乘
역	yeog	車站	명동	myeongdong	明洞
입구	ipkku	入口	서울역	seoul-yeog	首爾站
출구	chulgu	出口	택시	taegsi	計程車
개찰구	gaechalgu	驗票口	버스	beoseu	巴士

2023年10月起，首爾地鐵可於出站後15分鐘內再次由同線同站進入，但使用1次性交通卡搭車者不適用。

首爾市區移動方式～計程車&巴士篇～

**一邊欣賞隨著車子行進而變化的窗外景色也是很棒的體驗。
韓國的計程車價格很便宜，是想輕鬆移動時的好選擇。
再訪者不妨試著挑戰看看難易度較高的巴士。**

偶爾搭乘計程車移動吧

行李較多或深夜移動時，計程車是很方便的選擇。搭乘方式基本上和台灣相同，需自行開關車門和取放行李。若駕駛座上方的紅色燈牌亮起，則表示空車。可使用現金、信用卡、T-money支付，但為了以防萬一，上車前還是要確認一下。下載韓國的計程車叫車APP「Kakao Taxi」會更便利。

□模範計程車

黑色車體上有金色線條和黃色車頂燈是主要特徵。駕駛通過嚴格的考試，對道路也很熟悉。因曾接受政府認證的外國人接待指導，服務親切有禮。也有6～10人座的大型計程車，收費相同。大多會在高級飯店前排班候客。

初訪首爾的人可以放心選擇模範計程車

收費表	
基本費用／3公里內	7000W
加成費用	200W／151m
行駛時速15公里以下	200W／36秒

國際計程車

可對應英文、日文、中文的計程車。路上較少，需事先預約。(☎1611 2255/中文可)。
URL www.internationaltaxi.co.kr

注意車體上會有標示!

大型計程車

可乘坐6～10人，收費和模範計程車相同。數量較少，但在路上仍有機會遇到。有些團體旅客會預約包車一整天。

很適合人數較多的家族或團體旅行時使用

□一般計程車

街上經常會看到的中型計程車。使用跳表計費，價格比其他種計程車便宜。除了觀光地區、車站的計程車搭乘處，在路上也能隨時招停。大部分的駕駛僅會說韓文，若感到不習慣，選擇模範計程車會比較安心。最近能用英文溝通的計程車也越來越多。

22時至翌日4時會加收20～40%的夜間加成費

收費表	
基本費用／1.6公里內	4800W／22～23時、2～4時5800W／23～2時6700W
加成費用	100W／131m
行駛時速15公里以下	100W／30秒

計程車通話服務

有些計程車配備了可讓口譯、駕駛和乘客透過揚聲器進行通話的行動電話。觀光地區較多，無須再另外收費。

(右)貼在右側窗戶上的黃色貼紙是標識
(左)車內也有相關資訊貼紙，試著利用看看吧

便利的叫車APP「Kakao Taxi」

在觀光客眾多的繁華街區或夜間很難招呼到計程車，使用叫車APP會比較便利。只要輸入乘車地點和目的地就會發派計程車過來，價格和路線也會顯示，不用擔心會被敲詐。

習慣之後也能利用巴士移動

市區巴士分為幹線、循環、支線、廣域巴士，車體和顏色都不同。車內廣播基本上只有韓文，路線也比較複雜，可以活用地圖APP等。有時無法用現金付費，建議帶著T-money（交通卡）。使用T-money不僅便利，還能享轉乘優惠。專為觀光客設計的城市觀光巴士能暢遊主要景點。

□市區巴士

巴士號碼是由出發、到達地區號碼及固有的順序號碼所組成，若能記住巴士的地區區分碼，就能更容易識別。

藍色巴士

幹線巴士。沿著市區的主幹道行駛，連接市中心各地和主要地區。費用1600W（T-money為1500W）。

綠色循環巴士(黃綠色)

循環巴士。為取代黃色巴士而推出，於明洞、東大門等市中心人氣景點循環行駛。費用1500W（T-money為1400W）。

綠色巴士

支線巴士。連接主要地鐵站和藍色巴士停靠站等鄰近地點。費用1600W(T-money1500W)。

紅色巴士

廣域巴士。連接首爾的一山、龍仁、仁川等位於首都圈的都市。停靠站很少。費用3100W（T-money為3000W）。

□城市觀光巴士

提供觀光客自由上下車服務的市區觀光巴士。每個巴士站都能上下車。購票請至光化門的售票處。

URL www.seoulcitybus.com

※週一停駛（逢假日則翌日週二停駛）

將座位上的語音導覽機設定成中文就能聽導覽

	A／市中心・古宮・南山路線	B／首爾全景路線	C／江南循環路線	D／夜景路線
停靠站	15處	16處	21處	8處
所需時間	約1小時30分	約1小時50分	約1小時40分	約1小時30分
營運時間	9:30～18:20 間隔40分鐘	9:00～17:10 間隔45分鐘	10:10～17:00 間隔60分鐘	1日1班19:00～20:00左右發車
主要停靠站	光化門→明洞→南山韓屋村→首爾大使鉑爾曼酒店→新羅酒店→N首爾塔→君悅酒店→東大門設計廣場(DDP)→大學路→昌慶宮→昌德宮→仁寺洞／北村→青瓦臺前→景福宮／國立民族博物館／現代美術館→世宗文化會館／光化門廣場→光化門站	光化門→清溪廣場→明洞→首爾動畫中心→南山纜車→首爾千禧希爾頓酒店→南山圖書館→君悅酒店→63大廈、漢江遊船→汝矣渡口站→弘大前→機場快線弘大入口站→新村站、梨花女子大學→農業博物館→首爾歷史博物館→光化門	江南站→艾美酒店→諾富特→三井酒店→宣陵、貞陵／首爾華美達→奉恩寺／樂天免稅店→COEX SM TOWN→樂天世界→樂天世界大廈→奧林匹克公園→蠶室綜合運動場→三成站→K-POP娛樂公司→韓流明星街→狎鷗亭羅德奧→江南旅遊資訊中心／現代百貨→林蔭大道→三光島→高速巴士客運站商店街／新世界百貨→瑞來村→教大站→三星電子宣傳館→江南站	光化門→江邊北路→盤浦大橋→聖水大橋→漢南大橋→N首爾塔（有拍照時間）→南大門市場前→清溪廣場 ※中途不停靠
費用	大人：24000W	營運準備中	營運準備中	大人：20000W

城市觀光巴士的路線經常會異動，建議要事先確認。首爾城市觀光巴士☎02-777-6090

若是初訪首爾
下列事項請多留意

**儘管韓國和台灣有些相像，但畢竟是外國，仍然有很多不一樣的地方。
為了能讓旅途順利，開心享受旅行，
請務必掌握基本的生活資訊。**

廁所

一般多為坐式沖水馬桶，也有蹲式。能將使用過的衛生紙丟入馬桶的廁所越來越多，但如果旁邊有丟衛生紙的垃圾桶，就請扔進裡面。有些地方不會提供衛生紙，隨身攜帶面紙會比較安心。

水

雖然韓國政府表示「韓國的自來水可以飲用」，但水質並沒有很好。僅適用於洗臉和刷牙，飲用最好買礦泉水。便利商店販售的礦泉水價格為1000W～1500W。

信用卡和ATM

信用卡是必備物品。兌換大量現金帶在身上很危險，建議多用信用卡消費，並盡量減少攜帶的現金。萬一被盜刷，只要符合發卡金融機構規定的條件，發卡金融機構就會賠償損失金額。將卡號和緊急聯絡資訊記下來與信用卡分開存放，並隨身攜帶。另外，上方有國際組織標誌的信用卡可於當地的ATM提領當地貨幣。機場和市區都不難找到，提供24小時服務的也很多。出國前，請先確認密碼、額度及信用卡是否能預借現金。信用卡是持有人的身分證明，飯店和租車公司也能用其支付訂金（保證金）。

電源、電壓

韓國電壓有110V和220V兩種。110V和台灣一樣是A型，220V則為圓腳兩孔的C型或SE型。韓國以220V、電源頻率60Hz為主，必須使用變壓器和轉接頭。大部分的充電器等精密儀器都有支援至240V。

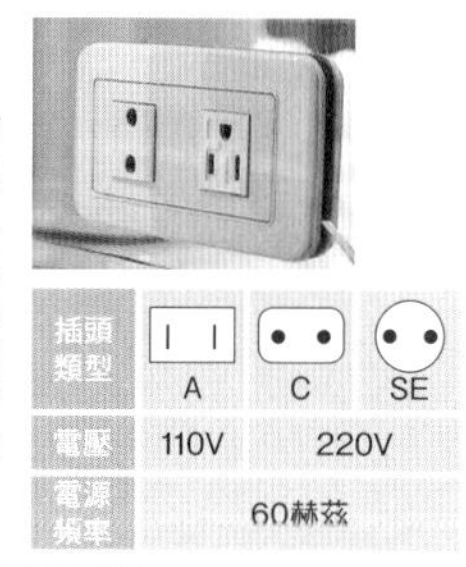

插頭類型	A	C	SE
電壓	110V	220V	
電源頻率	60赫茲		

治安

韓國的犯罪發生率相對較低，但扒竊等犯罪行為逐漸增加。在人群中行走時，最好護著包包。建議可以至外交部領事事務局資訊網的「旅外國人動態登錄網頁（出國登錄）」進行登錄。

URL www.boca.gov.tw/sp-abre-main-1.html

網路

咖啡廳、餐廳等多個場所都有Wi-Fi可以使用。有些飯店會另外酌收費用，預約時記得確認。此外，智慧型手機開機後可能就會連接行動數據，請務必事先檢查一下設定。

電話

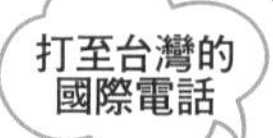

中級以上的飯店和公共電話可撥打國際電話。記得要去掉區號前面的0。從飯店撥打的通話費用每分鐘約3800W（97元左右）。

001、002
(國際冠碼)
+
886
(台灣國碼)
+
區碼
(去掉前面的0)
+
對方的號碼
撥打至台灣0912-345-678時
001 (002) -886-9-1234-5678
撥打至台灣02-1234-5678時
001 (002) -886-2-1234-5678

國內電話

在飯店客房撥打電話雖然很方便，但加上稅金和服務費後，費用相對較高。市內電話3分約70W。也有行動電話和智慧型手機租借服務。

關於匯率、簽證、時差、語言、貨幣、小費、節日、菸類、最佳旅遊時機等資訊，請參閱P.8-9。

想從台灣打電話到韓國時

撥打至韓國02-1234-5678時，開頭加上國際冠碼（010），整體形式為010-82-2-1234-5678。

類別整理 ～首爾旅遊建議～

美食

雖然都稱為韓國料理，但種類五花八門，請參考美食主題頁 ➔ P.36～進行選擇吧。在韓國，等長輩動筷才能開動是基本禮儀。

購物

韓國幾乎所有的物品和服務都要加收10%增值稅，可先確認有哪些店家能申請退稅。衣服的尺寸 ➔ P.31也要留意。

逛街

主要的觀光地區大多都有觀光服務處，不妨可以多加利用。有時可以拿到寫有中文的折價券。有些店家逢假日會休息，記得要先確認。➔ P.9

美容

汗蒸幕在首爾隨處可見，因為是極高溫設施，體驗過程中記得要適當休息。「부항」(buhang)是指拔罐，拔罐後的背部會殘留紅色罐印數天，夏天要特別留意。

夜間景點

有娛樂場、觀劇、俱樂部等各種夜間景點。應避免穿著太過隨便的服裝前往娛樂場。觀劇的場所除非很高級，否則可以不用太在意。

住宿

建議在台灣就先預訂好飯店。除了高級飯店，大部分都不會附一次性備品，要記得自己準備。有時參加旅行代理店的觀光行程會更划算。

遇到麻煩時的……黃頁

●緊急事件	
駐韓代表處	☎02-6329-6000
警察	☎112
急救・火災(中文可)	☎119

●觀光旅遊服務	
韓國觀光公社觀光口譯諮詢電話(中文可)	☎1330
首爾市茶山呼叫中心(中文可)	☎120(手機撥打02-120)

●航空公司	
大韓航空(韓國國內)	☎1588-2001
韓亞航空(韓國國內)	☎1588-8000
濟州航空	☎1599-1500
德威航空(韓國國內)	☎1688-8686

●信用卡(緊急聯絡資訊)	
美國運通	FREE 00798-651-7032
JCB(JCB PLAZA Lounge Seoul)	FREE 080-755-4977 ☎02-755-4977
Visa	FREE 080-486-0880
MasterCard	FREE 0079-811-887-0823

●提供中文或英文服務的醫院	
延世大學新村世福蘭斯醫院	☎02-2228-1004(英文)
天主教大學首爾聖母醫院 國際醫療中心	☎02-2258-5745～6(英文)
首爾峨山醫院 國際診療中心	☎02-3010-2665(中文)
建國大學醫院 國際診療中心	☎02-2030-7226(中文)

●醫療諮詢、醫院和藥局服務	
119首爾健康呼叫中心(中文可)	☎119

在韓國，「晚輩尊敬長輩」的儒教文化根深蒂固，旅行時請牢記一點。

index

松炭部隊鍋	部隊鍋	林蔭大道	45
武橋洞乾明太魚湯	明太魚湯(湯品)	武橋洞	47
河南張豬肉	五花肉	明洞	37
油井食堂	家庭料理	鶴洞	58
花,開在飯上	韓式拌飯	仁寺洞	49
花枝家	醬油蟹	三成洞	42
金豬食堂	燒肉	藥水	37
長壽烤排骨本家	牛肋肉	明洞	95
星巴克 京東1960店	咖啡店	清涼里	16
柳氏家	辣炒雞排	明洞	41
美麗茶博物館	傳統茶	仁寺洞	65
首爾咖啡	咖啡店	益善洞	21
首爾第二好吃的店	紅豆粥	三清洞	102
倫敦貝果博物館 島山店	咖啡店	狎鷗亭洞	55
原形譽	咖啡店	忠武路	24
孫家一隻雞	全雞鍋料理	新設洞	44
島山粉食	辣炒年糕	狎鷗亭洞	56
海洋世界兩天一夜小吃攤	貝類蒸	弘大	43
神仙雪濃湯	雪濃湯(湯品)	明洞	53
馬格利沙龍	馬格利酒吧	弘大	60
馬廄鮮肉	五花肉	永登浦	37
鬼怪銅盤烤肉	銅盤烤肉	東大門	39
清水堂 總店	咖啡店	益善洞	22
清晨家	韓式拌飯	清潭洞	49
雪木軒	年糕排骨	三清洞	103
雪冰	雪冰	明洞	95
黒豚家	五花肉	三成洞	37
黃生家刀削麵	刀切麵(韓國烏龍麵)	三清洞	51
傳統茶院	傳統茶	仁寺洞	65
楊家海鮮刀削麵	刀切麵(韓國烏龍麵)	益善洞	51
鉢盂供養	精進料理	仁寺洞	101
壽硯山房	傳統茶	城北洞	65
慢村釀酒廠	馬格利酒吧	弘大	60
碧帝排骨	原味牛肋肉	新村	39
銀浩食堂	牛尾湯(湯品)	南大門	47
鳳山家	牛前胸肉	三成洞	39
廣藏市場	市場	鍾路	62
樂天百貨B1F	美食廣場	明洞	66
輪船汽笛	銅盤烤肉	狎鷗亭洞	42
營養中心	全雞	明洞	41
韓信大排檔	布帳馬車	弘大	61
雞林園 東大門店	炭燒鍋巴雞	東大門	41
購物			
10X10	雜貨	大學路	81
3CE	美妝	林蔭大道	70
A LAND	時尚	明洞	95
ALL MASK STORY	美妝	明洞	69
ALLWRITE	文具	新村	85
AMORE聖水	美妝	聖水洞	70
AMUSE漢南展示室	美妝	梨泰院	70
ARKET	雜貨	林蔭大道	105
Art box	雜貨	林蔭大道	81
Artiwave	雜貨	延南洞	82
Assi Bangagan	蠟燭	益善洞	32
Beaker	時尚	梨泰院	99
Beaker聖水店	時尚	聖水洞	19
Butter	沐浴用品	鍾路	81
CHICOR 江南站店	美妝	江南	72
Comfort	時尚	首爾站	31
Common Ground	購物中心	建大	75
Dailylike	雜貨	林蔭大道	105
Door To聖水	便利商店	聖水洞	19
Doota Mall	時尚大樓	東大門	87
E Mart	超市	龍山	79
Emis	雜貨	聖水洞	31
Goto Mall	購物中心	瑞草	75

ことりっぷ co-Trip 世界小伴旅

首爾

國家圖書館出版品預行編目(CIP)資料

首爾 / MAPPLE昭文社編輯部作；
陳怡君翻譯. -- 第一版. -- 新北市：
人人出版股份有限公司, 2024.10
面； 公分. -- (世界小伴旅；3)
(co-Trip世界系列；3)
譯自：ことりっぷソウル
ISBN 978-986-461-408-0(平裝)

1.CST：自助旅行 2.CST：韓國首爾市
732.7609 113013698

【co-Trip 世界系列 3】

首爾

作者／MAPPLE 昭文社編輯部
翻譯／陳怡君
特約編輯／王韻絜
發行人／周元白
出版者／人人出版股份有限公司
地址／231028新北市新店區寶橋路235巷6弄6號7樓
電話／（02）2918-3366（代表號）
傳真／（02）2914-0000
網址／www.jjp.com.tw
郵政劃撥帳號／
16402311人人出版股份有限公司
製版印刷／長城製版印刷股份有限公司
電話／（02）2918-3366（代表號）
香港經銷商／一代匯集
電話／（852）2783-8102
第一版第一刷／2024年10月
定價／新台幣350元
港幣117元